JN411296

이겨울 시집

# 섬 하나 베개 삼고

섬 하나 베개 삼고

지은이 • 이겨울

펴낸이 • 강옥현

주 간 • 양재일

발행처 • 도서출판 오감도

초판인쇄 • 2018년 9월 27일

초판발행 • 2018년 9월 30일

전화 010-3206-2591 031) 773-2591

팩스 (031) 775-0161

출판 등록일 • 일제 10-1651(98. 10. 15)

서울시 중구 을지로3가 268 유일빌딩 604호

ISBN 978-89-5698-355-4 03810

값 10,000원

## 머리글

안개 속에는 뼈가 있다
내 안에 깊디깊은 우물의 뼈
두레박 타고 올라온 내 분신들
꽃물 든 마차를 타고
어디론가 떠나고 있다
마음 가벼워져
그늘 한쪽에 내 혼을 묻는다.

2018년 초가을
이겨울

1

## 천년의 그리움

## 2

## 어둠 속의 자유

## 3

## 거문고가 살고 있다

4

## 햇살이 그려준 악보

## 5
## 울음을 이고 가다

허공을 펼치다
G.Bell

# 1

# 천년의 그리움

그리움이 담긴 한 그릇의 향기

가슴에서 뽑아 올린 눈물

썩지 않는 흰 빛이 되리

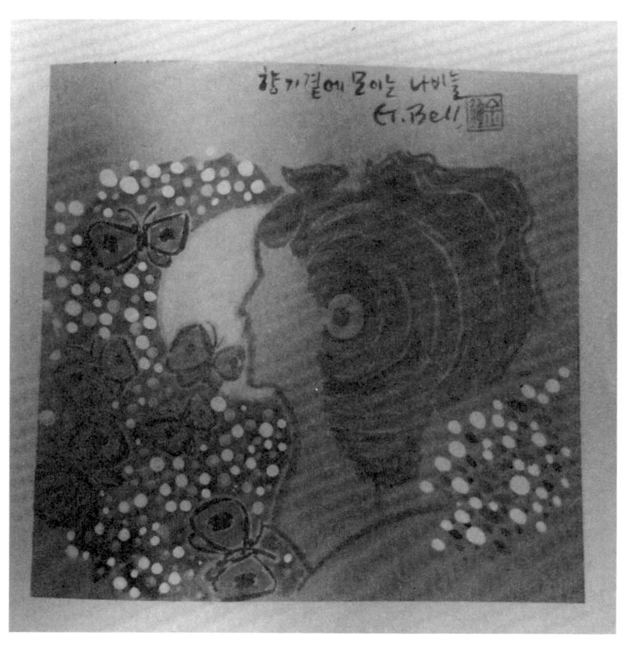

# 익어버린 눈물

너와 걷던 그 길에
그리움이 또 하나의 길을 냈다
내 안을 비춰준 너의 눈동자가 없는 길
그리움 조각은 둥근 가시로 밟혔다
그 길은 덜컹거리는 창문 같아서
심장에 구멍이 뚫리고 물음표가 들락거렸다

수많은 별들 중에
너와 점찍은 별은 어디에 있는지
내 안에 흘렸던 눈물은
누구의 서러운 우물이 되었는지
그 눈물 있다면
너의 뺨에서 수직으로 살다가
너의 입술에서 죽었겠지
지금은 익어버린 눈물 보듬고
황혼빛 벽 속에 웅크리고 있다
반세기를 접어둔

너의 전화번호만 만지작거리면서
나는 왜 너로 태어나
세상에서 가장 긴 그리움으로 살아왔는지
언제까지 하루 세 끼를
찢어진 그리움으로 채워야 하는지.

# 마지막 색깔

이브 몽땅의 고엽이 운다
장송곡같이 들으면서 조문을 갔다
만추로 뒤덮인 장례식장
허리가 길어 슬픈 리무진
천국과 지옥의 다리로
얄밉게 서성이고 있다

가난한 상주들처럼
숨겨둔 자식들처럼
절뚝거리며 걸어온
혼자는 못 우는 바보들
낙엽 보면 한 번쯤 생각하리
세월의 성긴 상처를
예정된 생의 마침표를

낙엽은 찬란하다
망자는 무슨 색깔일까

망자 앞에서
착하고 순해지는 양면성

다람쥐 쳇바퀴 돌았던
무능의 시간 속에 갇혀 살았던
내 마침표 색깔
맬없이 * 궁금해진다.

* 맬없이 : '까닭 없이'의 전라도 사투리.

## 기타쟁이

음표 하나도 그릴 줄 모른 너
기타 줄을 넘나든 손가락이 곡예사 같더라
기타 하나 둘러메고 해변을 거닐면
'바닷가에서'라는 타고르 시 속의
음악 같은 아이들이 따라오더라

신명날 때는 신들린 듯 뛴다는 그 소문
구설수처럼 피어나
폭죽처럼 퍼지더라
의사도 일어세우지 못한 너의 다리
마약 같은 기타 소리가 일어 세웠겠지
죽음을 거래하는 파도도
순하게 지휘를 해주었겠지

당산나무 아래 옛 친구들 불러놓고
기타 소리로 추억을 만들어 주던 네가
노트르담 꼽추로 결혼식장에 왔었어

굽은 등을 감추려던 모습
하늘의 고통 같았어

이젠 밥 한 그릇 줄 수 있다고
고향 바닷가로 초대한다고 했지
그 약속 지키지 못하고 가버린 영정 앞에
조문객들 입에서 팔랑거렸을
아린 그 이름 기-타-쟁-이-야.

## 수평선에게

하늘과 바다가 포옹하는 흔적이구나
수억 년을 짓밟아도 끊이지 않는 노을의 줄넘기
아기구름이 고무줄인 양 당겨보지만
자는 듯 누워있는 과묵한, 너의
끈질긴 목숨은 어디가 시작과 끝인지

파도의 얼룩들로 얽혀 있는 너에게
풀어진 바람의 상처가 걸터앉아 울고
어둠을 여는 예배당 종소리가 부딪혀 울고
간혹 갈매기도 곡예를 하더구나

너의 끄트머리 한두 뼘 잘라주렴
이마에 한 줄의 그리움으로
질끈 동여 메고
조막만한 섬 하나 훔쳐 베개 삼아 누울란다.

# 잊기로 했네

바닷가를 거니는 나에게
노을바람이라 하네
내 발자국 소리를
해가 수직으로 걸어간 소리라 하네
달이 수줍게 굴러간 소리라 하네

내 울음 위에 젖은 발로 앉아서
누가 우는 소리냐 고 하네
아무것도 그려내지 못한 너를
그런 너를 잊기로 했네

그냥 고독한 섬에
돛단배 한 척으로 떠 있기로 했네.

# 가을 타다

낙엽은 의미 없이 버려진 언어야
아무도 말을 붙이지 못한다
낙엽은 선장 없는 고독한 배
아무도 타려고 하지 않는다
시리고 구멍 난 등에

낙엽 보고 허무라 느낀 것은
시인들 몫만이 아니다
잠자리도 날개를 접고 운다
가을 때문에 써 보는
붙이지 못할 편지들
시몬 같은 친구에게
들꽃 여린 친구에게
낙엽밭에 묻힌 너여서 더 슬프다

낙엽이 품어낸 주검의 향내
칼날에 베인 듯 상한 눈물

가을의 통곡이여
가을 타는 내 곁에
거기 누구 없나요.

# 검은 노래

슬픔이
검은 리본을 달고
검은 넥타이를 매듯
그의 노래는
음표에 검은 리본을 달았다
깊이와 속도를 알 수 없는
오선지에 걸려있는 침묵의 음표들

실연 후에 피워 올린 담배연기 같은
꽃상여 앞에 펄럭인 만사지 같은
음표들이 뿌려놓은 애절함
거역할 수 없는 숙명의 흐느낌

그의 노래 들으면
슬픔 위에 슬픔이 고여
가슴에 검은 무덤 하나 생긴다
나는 의무처럼 벌초 한다

검은 새가
사랑의 새벽을 헤엄친 듯한
김광석 노래.

## 바람에 눈을 벤 구름

맨발로 홱 돌아서다가
유리조각을 밟는 듯한 아픔
누구나 한두 번쯤 겪었으리
그 아픔 견딜 수 없거든
겨울바다에 한 번 나가 봐
눈물이 마를 만큼 아프거든
가난한 눈물이라도 훔쳐서 울어봐
배우 같은 눈물이면 어쩌며
사랑에 고파 우는 눈물이면 더 어떠리

울고 있는 겨울바다에서
바람에 눈을 벤 구름을 보았다
구름의 아픔을 내가 안고 울었다
새가 죽어가는 몸짓으로
파도에게 온통 나를 맡긴 채

파도는 언제나 내 편이었다
자신이 만든 허연 레이스 치마폭에

내 눈물 가지런히 담아
녹 슬은 등대를 닦아주러 가더라.

# 후회

강물에 내려와 쉬고 있는
거대한 산을
돌팔매가 움직이더라
왜, 나는 산보다 가벼운
너를 움직이지 못했을까

어떤 광기로도 붙잡을 수 없었던
너를 사랑했던 그 자리
후회의 눈물로 강이 되었다

이젠
너를 향한 한숨 소리마저
길을 잃고 헤맨다
그래도 먼 훗날
너를 사랑한 것은
아름다운 후회라 말하리.

# 먼 길

나를 못 잊어 혼자 산다는 소문
헛소문이 아니길 기도하면서
그대 산다는 먼 바닷가
갯바람 숭숭 뚫린 그 집에 가보고 싶다
느린 내 걸음으로는 한 달포쯤 걸릴까
가다가 눈보라 휘감긴 저녁을 만나면
얼음사랑으로 길 위에 쓰러져도 좋으리
그대가 사준 스카프 목에 두른 채
영원히 잠들어도 좋으리.

# 11월로 서서

빈 공원이 둥글게 웁니다
빗방울은 직선으로 웁니다
고요를 포식한 공원의 풍경
나도 고요 속에 갇혀 울음에 꼬리를 답니다
모난 비밀이 쏟아집니다
공원의 고요가 깨졌습니다

마지막 잎사귀 하나
바람의 몫입니다
11월 숫자처럼 야위어간 공원
허공이 내려다보고 혀를 끌끌 찹니다

허름한 벤치에는
실업자의 한나절이 있습니다
소주병 담배꽁초 절망덩어리
소주병 속에만 지난 시간이 고입니다

기약 없는 먼 해후를 위해
가슴에 벤치 하나, 나도
그대 위해 비워 둡니다.

# 봄밤

그림자같이 걸어야 할 봄밤이요
고수가 되려나 보름달이 북채를 찾으요
계수나무 한 가지만 꺾어줍시다
그러면 소리는 누가 한다요

보름달 고수님
조신이 뭐래요
여린 순결 내던지고
아슬아슬 목련의 앞가슴
무덤들의 발가벗은 알람춤 *
이 환장할 봄밤이요

손톱 세워 불 밝혀준 사금파리 있어
나는 피죽새 * 가 되었소
찔레넝쿨에 악보 걸고
봄노래나 실컷 부를라요

할미꽃이 젊어진다는 봄밤
자물쇠 같은 이 몸 풀어지요
친구의 봄밤이 맬갑시 * 궁금하요.

* 알람춤 : 누워서 추는 춤.

* 피죽새 : 밤꾀꼬리.

* 맬갑시 : '이유 없이'를 의미하는 전라도 사투리.

# 그리움은 화석이 되고

뜨거워도 그냥 삼켜버릴 걸
나, 죽어 화석이 되더라도

다가서지도 못하고
발만 동동 구르다가
뒤돌아보니 네가 없었어

백년의 하소연 같은
내 그리움의 문장들
너 없는 지금
어디에 펼쳐 놓을까

두루마리처럼 말고만 있다가
펼쳐보지도 못한 채
그리움의 화석이 되겠지.

# 흔적

허름한 곳 바느질하듯 촘촘히 살았건만
뒤돌아 볼 용기가 안 난다
통통배가 바다에 밑줄 긋듯
오던 길 밑줄이라도 긋고 올 걸
달력에 적어놓은 일정표같이
삶을 너무 가볍게 보았다
아픈 발자국도
누군가의 이정표가 된다는 걸 몰랐다
무지無知로 살다온 나의 뒷자리
무엇을 남기고 오기는 했을까
목적 없이 살아온 부끄럼만 고여 있겠다
허무만 사리같이 앉아 있겠다.

# 운명의 여로를 밟듯

순례자도 아닌 것들이
운명의 여로를 밟듯
선암사 입구를 느슨하게 밟아갔다

거짓사랑 하기도 바쁜 시절
이거 실성한 것들이나 할 일을
청춘만 할 수 있다는
짓궂은 친구 우김질에 못 이겨
아스팔트를 맨발로 걸었다

낮술에 취한 듯 횡설수설하면서
아는 노래는 다 꺼내서 불렀다
슬픈 노래는 슬픈 대로
기쁜 노래는 기쁜 대로
청춘을 요리하는데 양념이었다

시간은 내일을 마중 나가느라  바쁘고
우리는 지금을 요리하느라 바빴다.

# 무게

아득한 그날
누나가
너의 기인 속눈썹에
성냥 꼬지를 얹어 놓고 놀렸다지

나는 얼마나 가벼워져야
너의 속눈썹에
깃털같이 얹힐 수 있을지.

## 서글픈 3박자

하늘이 보냈다고 소문 난 갈래머리 소녀가
헐떡거린 고무신을 신고 할아버지와 소를 몰고 간다
덜 꿰매진 할아버지 광목바지 끝단
서럽다고 갯바람에 나불댄다
아들 찾는 신세타령에 할머니는
어젯밤 헛바느질을 했을까

바닷물에 제 몸 번질까봐 조심스레 걸어 나온 노을
소녀의 두 볼에서 휴식을 취한다
황소의 기침소리에 줄행랑을 친다

소고삐 장단 맞추어
하늘 천 따 지를 가르치는 할아버지
귀를 털고 막대기사탕만 빨고 가는 소녀
어둠을 막고 얼른 오라고 손짓하는 할머니

내 유년의 서글픈 3박자입니다.

## 바람둥이 파도야

창문 열면 바다가 보인다는 것은
참 싱거운 풍경이다

물의 나라 베네치아 같은
파도가 놀러 오는 콘도는
남해바다를 혼자 차지했다

물고기가 창문 두드리고
조개들이 하품하는 콘도에서
바람둥이 파도와 하룻밤 풋사랑을 했다

머리 푼 유희들의 나신裸身처럼
버릇없이 달려든 파도는
내 품에 안겨서 울다가
입술까지만 훔쳐 갔다
바람둥이 파도가 있는
그 콘도에 또 가보고 싶다.

# 만약에 말이야

마른 외길에서 구원처럼 너를 본 순간
풀어진 호흡을 추스르기 힘들었어
너에게서 밀려난 눈물겨운 내력을 숨기려고
나는 처절하게 담벼락에 숨었어
심장이 기름 짜는 기계가 되었어
감당하기 힘들어한  늙은 담벼락

'솜사탕 뜯던 모습 그대로군 사랑도 그대로라면 좋겠어'
나를 껴안는 환청 같은 그 목소리
옴박지에 출렁거린 생수 같은 그 목소리
단숨에 마셔버리고 싶은 순간
그때 너였다면 어떻게 했겠니

너의 환상에 담벼락은 죽음이라도 따뜻했어
생의 속도를 마감하려는 순간처럼
하늘땅을 넘나든 내 심장의 박동
멀미난 담벼락은 부러운 몸짓으로 밀어냈어

담 모퉁이에 서 있는 멀대같은 다알리아
바람과 사랑놀음 하고 있었어
그때, 너였다면 어떻게 했겠니.

# 부끄러운 날

연필로 편지 쓰듯 인정 가득한 찻집 없을까
찻집의 불빛처럼 따스한 약속 없을까
상상 끝에 걸린 선물 같은 약속 하나

설레임으로 들어선 예쁜 찻집
창가에 낯선 얼굴과 마주쳤다
수심으로 가득한 눈매
중절모에 숨어있을 민둥산
유행가 바이브레이션을 연습한 듯
찻잔도 함께 물결을 일고 있다

누에잠처럼 둥그런 추억을 꿈꾸어 보았던
혹시나 했던 부끄러운 날.

# 2

# 어둠 속의 자유

어둠 속에서 커버린 고고한 무질서

방황하는 영혼을 빨아들이는

검붉은 내 가슴팍

# 꿈의 껍질로 서다

매미 울음 그치고 바통을 받는 어둠
흙비누 거품처럼 누워서 운다
늙어버린 종이 한 장
어둠의 검은 눈물을 닦아주고

침묵은 어둠 속의 주인이다
누가 저 침묵 앞에 맞설 수 있을까
바람에 쫓긴 빈 깡통들
깡깡거리며 침묵과 맞선다
크기를 잴 수 없는 잡동사니도
발가벗은 채 일어선다

가로등 아래 꿈의 껍질로 서 있는
보이지 않는 피곤의 자유여
어둠 속은 검은 반란이다.

# 벽 속의 꽃밭

한쪽 벽에 모여 있는 가족들 얼굴
손주들 웃음소리가 벽을 기어 다닌다
사진 곁에 나풀거린 어릴 적 별명들
둘째아들 별명이 명품이다
먹을 것을 좋아해서 붙은 꿀꿀이
손주들이 보고 숙제같이 놀린다
젊은 날 남편 등에 업힌 사진은
남사스럽고 양면성이 보인다
사랑의 유효 기간이 지났을까

가족사진은 우리 집 웃음꽃밭
시간이 멈춰버린 액자 속의 얼굴들
가족이란 이름으로 더욱 빛난다.

# 거짓말 호수

흰 두루마기 소리꾼이
쪽배를 타고 들어왔다는
순천 정원박람회 인공호수
아버지라는 노래에
객석 엄니들의 눈물로
강물이 넘쳤다는 거짓말 호수
이정표 없이 헤매는 길손들
으악새 노래를 호수에 던진다

가는 곳마다 글쟁이들 흔적
나도 시 한 편 갈겨놓고 가야할 일이
의무처럼 느껴진다
비밀스런 생각 하나 억새밭에 숨긴 것도
한 줄의 시가 되는 날
시간은 홑이불처럼 사각거리며 간다.

# 수다의 끝자락

수다쟁이 물총새들
젊게 봐 달라는 신호일까
머리 위에 우플거린 리본 좀 봐
추억 하나도 꽃피울 줄 모른 무심들
생멋 부린 냄새 풀풀 난다
포크를 쇠스랑이라 부르고 낄낄 웃는
수다의 음표 한 옥타브씩 오른다
재수 없는 친구 도마 위에 오른다
의자들 귀 막고 의무처럼 앉아있다
창밖에서 서성거린 세일 광고지
조심스레 휘파람 한 줄 불더니
수다의 끝자락은 어디냐고 묻는다.

# 증심사 동적골

주소를 알 수 없는 언어들
마침표를 찍을 줄 모른 한숨소리
나를 달래지 못할 때 증심사 동적골을 간다
허적허적 걷다보면
튤립의 보송한 손짓이
게으름 피우는 풍차가
살포시 발목을 잡는다
우두커니 앉아 바라보노라면
풍차의 나라에 온 착각
영혼을 색채로 표현한 반 고호의 나라 같다

발길 멈추게 하는 해질녘 범종소리
달리던 다람쥐도 오뚝이같이 선다
흔들리던 자작나무도 하얗게 선다
자작나무 꺾어 움막 한 채 지으리
자작자작 군불 타는 장단에
사철가 한 대목 흥얼거리리

산이 되어 동적골을 걸으면
산의 숨겨진 소리 들린다.

# 노모의 노랫가락

안 간다고 서발너발이더니
백세를 바라본 노모는
사위의 칠순잔치에 신이 났다
틀니의 요동으로 유아 같은 발음
허리처럼 휘어진 신세타령은
따로따로가 유행인 것처럼
입, 몸, 소리가 따로 논다

춤추는 백발이여
지휘하는 지팡이여
세상에 한 곡뿐인 엇박자노래
'고장 난 벽시계'의 미완성 앵콜 박수
울 엄니 얼굴 비온 뒤 들녘처럼 환해진다

실타래 풀 듯 이어지는 또 한 곡조
고향 콩밭 한 두럭 매고 오신다

악보에도 없는 단조의 흥얼거림
애써, 부른 노래에 허무의 깊이가 깊다.

## 수수께끼

눈썹의 흔들림조차 소음이 되는 고요다

네가 한 종지 목에 걸린 날
가진 건 너밖에 없는 것 같은 내숭
네가 깊이 잠든 낙서장에
춘향이 옥중에서 머리 풀고 울듯
쑥대머리 핑계 삼아 통곡한다

그래도, 아교처럼 달라붙는 날
두루마리 휘젓는 서투른 지전춤
한숨소리 장단에 하늘로 치솟는 지전
눈이 되어 내리려나
눈물 되어 내리려나
너를 향한 바보 같은 용트림
보이지 않는 너는 항상
조문객 없는 영정 앞에 잠들어 있다

기쁨과 너는 한끝 차이
왜 자꾸 너에게 손을 드는지
너는 누구시기에.

# 다시 가져올 그 이름

고아처럼 서 있는 백지 위에
밤마다 새겨본 당신의 얼굴
새벽녘이 가까워도 백지는
백지로만 남아 있습니다

사랑을 해본 기억이 없다고
하늘에서 떨어진 딸이라고
온 동네 소문을 내셨던 당신
어찌 너를 두고 눈을 감냐고
아픔처럼 울다가 가셨습니다

가신 후에 찬밥이 쌓인 우울한 식탁
슬픔이 먼저 목이 메이던
설움과 침울로 물 말아 드시던
숟가락이 필요 없는 밥 한 끼
쓰라리게 마신 이승의 시간이었습니다

설야에 당신의 베틀 소리
문풍지 바람에 졸고 있는 호롱불
그 서러운 석유 냄새의 기억
이제야 헤아려본 슬픔의 무게

용서받아야 한다는 사실이
갚아야 할 빚처럼 떠오르는 밤
시작도 끝도 없는 눈물의 편지
부칠 수 없는 절망감도 죄입니다

다시 가져오고 싶은 그 이름
내 어머니

# 복면가왕

봄이면 홍얼거리는 봄비 노래
복면가왕이 부른다
한 방울씩 떨궈낸 마알간 소리
아쟁의 가슴 후비는 소리
장강의 넘실거린 울음이다
무대는 온통 봄비에 젖는다
봄비가 뭘 잘못 했기에
저토록 부여잡고 몸부림인지
목울대를 넘나든 애증의 그림자
봄비 노래가 전해주는 숱한 사연들
그 누군들 없으랴만
유행 지난 몸짓 같아도
봄비 속에는 늘 아련함이 있다

창 밖에는 봄비가 내린다
왜? 하필
이때 서럽게 내리는지.

# 갈등

사십 년 전 어느 날
남편이 썼을 일기를 상상해본다

똑딱선이 겁도 없이
파도를 비아냥거리고 간다
장대비가 쏟아지고
파도는 하늘까지 그네를 탄다
한숨을 푹 쉰 똑딱선 가던 길 멈춘다
하느님을 찾는 불량스런 승객들

나도 양심을 버린 채 하느님께 묻는다
'두 사람을 함께 구할 자신이 없습니다
누구를 먼저 구해야 될까요 하느님'
아내는 무촌이야
아들은 만들면 되지
아내와 세 살 배기 아들을 안고
골 깊은 갈등을 했던 풍랑 속의 한나절
섬으로 장가 온 내 죄여.

# 수중악보

할머니는 음악 채널만 보고
아이돌 노래까지 좋아한다고
이상한 할머니라는 제목으로
동시를 썼다는 손녀
할머니는 왜 노래만 들어요
가수 되고 싶냐고 묻는다
내가 만약 노래를 했다면
이은미같이 맨발의 디바는 됐을까
샹송 가수가 되기 위해
집안 살림은 뒷전이고
날마다 혓바닥만 굴리고 살았을까

나는 동요 '섬 집 아기'의 주인공이다
가끔 시에 노래의 날개를 달아서
바다로 날아간 꿈을 꾼다
어릴 때 보고 들었던 풍경들이

내 노래의 음정 박자 되고
파도소리 밀물 썰물이 화음이 된다

파도소리가 이 섬 저 섬을 이어주듯
내 노래가 이 섬 저 섬을 이으려면
해초들의 수중악보 한 장 훔쳐야 하리.

## 지금은 없다

나는 그 길의 추억이 없어서
친구의 추억을 빌려서 걸었다
그 길이 이별의 길이 되었다고
눈물로 화장한 울보 친구
지금은 이 땅에 없다

변심으로 얼룩진 길
이별 이야기가 카펫으로 누웠다
디제이가 중얼거리듯
사랑스런 언어들도 굴러다녔다

청춘이 지난 후에야 걸어본
덕수궁 돌담길
스무 살의 풋풋함으로 멈추게 하는
담벼락 낙서들
예쁜 낙서도 하고 왔다던데
지우고 떠났을까
하늘 간 친구의 흔적은 없다.

# 풍경

어제가 새파랗게 만져진 오월
햇살이 붉은 레이스처럼 나무에 걸린다
돗자리 깔고 독서하는 백발 부부
펼쳐진 책 위로 신록이 함께 한다
원추리 꽃들이 꼬꼬닭처럼 웃는다

세상이 잘 때도 시간은 줄줄 샌다
멈추지 않는 시간 앞에 고요로운 노부부
콧잔등에 걸쳐진 또 하나의 동그란 세상
책장 넘긴 손끝이 흔들린다
뼈 없는 오월의 바람이 책장을 넘겨준다.

# 허공이 움직인다

어둠도 허기져 길을 삼킨 밤
하수구 같은 삶에도 밤은 오는가
이젠 밥 말아먹을 눈물도 말랐다
숨겼던 내력을 거적때기 삼아 눕는다
부은 발가락에 걸린 끈길 듯한 삶의 매듭
뼈마디에 길게 누워 고요롭게 운다
삭신은 뒤척이지 않으리
한 페이지씩 읽혀질 슬픈 책장

허공이 움직이는 가난한 밤
연줄 자르듯 잘라버린 과거
쪼그라든 뱃살을 움켜쥔 채 거룩한 반성을 한다
산발한 거미가 절벽 같은 생의 벽을 탄다
거미에게서 용기를 얻은 노숙자
날 밝으면 또 낯선 여백을 찾아 나서리

남은 생의 한 줄을 자르지 못한 죄련가.

# 기억의 탑

뱃길 삼백 리 시골 장에 가려면
동 트기 전에 똑딱선을 타야 해요
똑딱선은 꽁지머리 나를 이정표로 세우고
'똑딱선 기적소리'라는 노래도 불렀어요
부웅부웅 뱃고동 소리에도
꼬막같이 누워서 잠만 자는 귀먹은 섬들
성난 파도가 귓싸대이를 후렸어요
약장수 능청 떠는 소리에 문이 열린 장터
이산離散의 순간을 아는 강아지들
두루마리 사연처럼 울었어요
가난을 내려놓고 생활을 외치는 시골 장

전대에 돈을 듬뿍 넣고 소 사러간 할아버지
소는 못 사고 강아지를 사줬어요
뱃멀미에 시달린 강아지는 그날 밤 죽고
할아버지는 돈만 날렸다고 궁시렁대셨어요.

# 수수깡장난감 1

노동력이 다한 삶은 폐품처럼 버려지는가
병실 침대 위의 수수깡장난감
햇빛 도움 없어도
수수깡장난감이 된 그녀 곁에
저 끝없는 눈보라의 시간들

시골 수수밭 같은 삶이 풍선처럼 떠있다
우두커니 앉아 신세타령 하면
눈물 줍는 짐승으로 울어주던 먼 산 뻐꾸기
바람 불면 수숫잎 우는 소리
단 수숫대 딸의 입에 넣어주던 그녀
숨소리가 가죽나무 껍질처럼 거칠다

얼마나 더 가벼워져야 종점일까
이젠, 손가락으로도 들 수 있다
천천히 가벼워지려고 애를 쓰신
내 어머니
천국행 열차를 기다리신다.

## 수수깡장난감 2

눈물 한 줄기가 마지막 교신이었다
천국행 열차에 오르자
아득히 멀어진 그녀의 온기
삶의 의무를 다한 이승의 마침표
검은 장막으로 사라진 통한의 풍경
백열등 아래서도 어둠이다
그 어둠에 길을 내는 내 눈물
요단강을 넘쳤으리

세상은 다시 환해진다
사라진 시간조각을 모으는 검은 죄인들
검은 미소를 씹는다
영문도 모르는 하늘의 휑한 눈

재라도 흩날리려나
방향 잃은 재 바람이다가
먼 산 뻐꾸기로 수수밭에 오시려나

수수깡장난감으로 떠나신 내 어머니.

## 수수깡장난감 3

천지에 기댈 곳은 나밖에 없었던 그녀 이승과 마지막 인사에 주는 잔 다 받고 취해서 어떻게 가셨는지 가다가 노잣돈이나 안 떨어졌는지 어머니 치맛자락 냄새에 잠이 깨어 첫새벽 차를 몰고 증심사 종점에서 목 놓아 울고 온 날 지구상에서 이름 석 자까지 마지막 떠나보냈다 이젠 되돌아오셔도 한숨 한 번 풀어놓을 여백도 없다 그녀가 수의를 궁중 모델같이 색동으로 입고 간 이유를 이제야 알았다 젊은 청년이 저승 입구에서 기다리고 있다는 걸 몰랐다 칠십 년 연상과 다시 살까 두 분 영혼결혼 사진 불문사 봉안당에 걸어놓았다 수수깡 장난감 되어 떠나신 내 어머니 세상에 없어도 내 안에는 계신다.

# 아침을 긋다

잡동사니들 잠재우고
다시 시작하는 아침
창문을 노크하는 예쁜 소리들
누가 이렇게 신나게 일깨워 주겠는가
마음 열고 아침을 만지작거리면
뻐꾸기 산비둘기가 시샘하며 운다
못생긴 오선지 같은 내 발가락에
리듬을 달아 주면서 걷자고 한다
기다렸다는 듯 내 안의 존재들
아침 기지개를 켠다
간절한 시작이나 된 것처럼
나는 아침을 걷기 위하여
또 하루라는 터널 입구에 선다.

# 세월의 흉터

세월의 흉터를 지우면서 살 수는 없을까
거울을 보니 아직은
눈가에 웃음 몇 조각 있어 다행이다
그곳 소식이 궁금하다
죽은 자들은 침묵밖에 모르니
그곳의 소식은 어디서 들을까
누구나 가기 싫어하는 인생종점
더 나아갈 수 없는 절벽 같은 끝자락
내가 지워진다는 사실의 두려움

잠시 스쳐온 타관 같았던 인생길
먹구름 지나간 뒷길같이
오던 길 부질없었지만
왕복차표 없어도 되돌아오고 싶은

하지만 가야 할 때 되면
만발한 집착은 버리면서 가야지.

3

# 거문고가 살고 있다

허름한 초가집 안에서

줄 없는 거문고 소리가 난 듯

# 사립문을 달자

단풍나무집에 사립문을 달자
가슴에 홍등 하나 켤 줄 모르면
못 들어가게

단풍나무집에 빗장을 걸자
그리움의 주소를 물어봐야
열어줄 수 있게

황홀한 추락의 절정에 서면
날개 없는 꽃새들이
그리움의 주소를 물어다 준다는 소문
나는 단풍나무 집에 들어갔네

순간의 전율 같은 번지 없는 너의 주소
내 안에 있다는 걸 이제야 알았네
이젠, 온 생을 벗어도 서럽지 않겠네
이 세상에 내 주소 없어도 좋으리.

# 진혼가

하늘에서 무슨 징소릴까
허공에 축제의 막이 오른다
몽당춤을 추는 팝콘 같은 눈
머리카락춤을 추는 굴뚝연기
솟대 끝에 걸려있는 바람 한 줄

고독한 실루엣 따라 그려진
굴뚝연기의 서러운 춤사위
몸짓공양으로 시도 쓴다
소리, 그 소리 너무 슬퍼서라고

설야에 베틀에 앉아 흥얼거린 진혼가
굴뚝연기는 울 엄니 그 소리를 들었을까.

## 어미는 지금도

포르르 사그라진 목숨들
저승사자도 감당 못하겠다고
도망치던 그날
세상은 눈물바다였지

마지막 손짓은 허공에서 멈추고
숨소리 꽃잎 되어 울음꽃밭 되었지
목숨이 옷을 찢고 나와도
꼼짝 말라는 무정한 확성기 소리
귀머거리만 되었더라도 도망쳤으리

지금도 어느 어미는
바다를 엄마처럼 안고 잠든
여린 목숨들의 꽃밭 위에서
아가의 향기를 맡고 있겠지
'아가야 배고프지'
팽목항에 나가 바다에 밥을 주고 있겠지.

## 이건 아니야

'난 요리 잘하고 여자에 취미가 없으니까
자네 가도 재혼 안 할라네 두 눈 꼭 감고 가라'는 말
농담처럼 입에 걸고 다닌 이 남자가 변했다
아내가 서울을 오르내린 사이에 생각이 달라진 듯
'전번에 하는 말 유효기간 지났네 재혼 해야겠어'
나는 귀를 털다가 가려움을 못 참듯
카메라처럼 눈꼬리를 치켜세우고 이유를 물었다
벽 보고 말을 걸 수도 없고 입이 고독하더란다
이유는 시시하지만 서운함의 불씨가 남아
나도 한마디 '당신 가면 나는 꼭 재혼할라요'
그런데 이 일 저 일도 못하는 나를
누가 데려가기나 할는지.

## 소리꾼

—장사익

흰 두루마기자락 날리며
구름 위 신선처럼 무대에 올라
찔레꽃 노래로 꽃향기 한 사발 뿌리고
수양버들같이 세월 거꾸로 내린 듯
'누님들 오늘 밤 놀아볼까요' 너스레를 떤다

혼을 부른 듯한 그의 목소리
한바탕 놀음인데 왜 관객들은
최루탄을 뿌린 듯 눈물을 훔칠까

가로등 노래를 열창할 때는
선술집 절름발이의자에 앉아
울음 섞인 소리로 그 노래만 부르던
친구 엄마 생각이 났다
아버지가 누군지를 모른다는
소문을 안고 자랐던 그 친구
무명가수가 되어
지금은 엄마 노래를 대신 부르고 다닌다

한 시대를 지난 것들은 모두 안개와 바람

사랑방에서나 대접받던 트로트도
논두렁 밭두렁 굴러다닌 홍타령도
논밭 매다 갈증 난 듯한
그의 소리 타고 오르내리면
극진한 깊이로 울림이 진하다.

## 바람의 마을

파도가 울음의 옷을 벗었다
모래바람의 반란도 없는
저물녘 향수가 발동하는 곳
음치라도 '가고파' 한 소절 흥얼거리리
뱃고동 소리 들리면 마중 나온 봉안당 식구들
아버지 얼굴을 찾지 못한 늙은 소녀는
간기 밴 잔주름 품속이 그립다, 그들의

우체국 사서함 같은 봉안당
금방이라도 섬이 되어
먼 바다로 떠다닐 것 같다
시들 줄 모른 저승꽃들의 웃음소리
여기까지 오기를 얼마나 기다렸을까
몇 십 년을 달려온, 오직
바람이 가족이었다

삼 년 살고 몹쓸 병에 쫓겨난
전설 같은 할머니

출가외인 명찰을 달고 들꽃처럼 서 있다가
머리카락 두 개로 봉안당에 오셨다
지금은 할아버지 오른팔에 누워
안주인 행세를 톡톡히 하시겠다
두 할머니의 자리다툼에 밤 시간은 편안하실까.

# 비교된다야

남매를 둔 둘째네 집에서
손주들과 놀았다
소파에 앉아 할아버지와 놀다가
업어달라고 조른다
몇 번을 업어주다가 할아버지도 지친 표정
애들이 눈치를 본다
힘이 들어간 할아버지 목소리
'인제 그만하자 허리 아프다'
그래도 매달린다
"광주 외할아버지한테 가서 많이 업어 달라 해라"
일곱 살 손녀 흐린 눈빛이다
동생을 껴안고 귓속말로
'대원아 비교된다야
외할아버지는 교통사고로
많이 아파도 맨날 업어 주었지— 잉'
비교된다 비교된다야
동요같이 부르면서 재롱을 떨었다.

## 유목민

짐승을 유난히 좋아하는 남편
농장 감나무에
새가 살림을 차려 알을 까고 있다고
쳐다보지도 말고
가까이 지날 때는
숨소리마저 죽이라고 한다
호기심에 들여다보니
열심히 허공을 쪼아다가 만든 보금자리
새장 안에 작은 하늘이 고여 있었다
울음으로 길을 만들고
울음으로 길을 부수는
종점 없이 떠다닌 유목민들
언젠가는
허공의 삶을 다 물고 내려와
마지막 입술 대고 잠들 땅을 찾겠지.

# 카추샤, 그리고 스카프

카추샤 노래가 취객을 부르는 흐린 주점
술을 소비하는 기계들이 웅웅거렸어
카추샤처럼 스카프로 얼굴을 가린
영혼의 절름발이로 앉아 있는 한 여인
혼자 마시는 사연이 그 노래 속에 있었어

스카프의 고향은 카추샤 머리야
맨얼굴을 볼 수 없는 카추샤
창녀의 불운한 골목 때문에
스카프에 얼굴을 묻어야 할 삶이었어
바람의 속도로 걸어야 했던
시베리아 유배길에도
스카프가 카추샤의 머리무덤이었어

긴 명주자락 스카프가
내 모습 칭칭 감아줄 때 있었어
남의 등걸 의지해
꼬여 오르는 칡넝쿨처럼

그때
흐린 주점 스카프 여인이 나였다고 하자
세상에 와서 늙음 하나 더 얻었다고 하자.

# 별난 청구서

설날 첫손님으로 간 목욕탕
전세 낸 기분으로 맨몸 무용수가 되었다
온탕에서 첨벙 냉탕에서 첨벙
묵은 마음 전부 털어냈다
차례상 차리려고
비 맞은 장닭같이 달려오니
차례상 위에 앉아 있는 별난 청구서
시의 종자로 앉아있었다
「일금 오만 원 바로 청구함
시詩 종자 값은 무료」
일을 무서워한 나는
원 플러스 한 봉투를
차례상에 올렸더니
설거지까지 싹쓸이해 주었다
애들이 미리 다녀간
부부만의 설날
별난 청구서는 한 접시 시가 되었다.

# 무심한 남자

노을빛도 함께한 재회의 밥상
실꾸리처럼 감아놓고 풀지도 못한
친한 언니의 그리움에 들러리를 섰다
있는 멋은 다 부리고 나온
풋사랑 때 만난 두 사람 표정이 궁금했다

어색함을 참으며 압축된 어제를 풀고
대화를 이으려 하지만
허연 늪 속에서 헤맨 듯 무심한 남자
죄 없는 술잔만 홀짝거렸다
제삿상같이 줄지 않는
칠순에 다시 만난 재회의 밥상

유효기간 지난 사랑 부여잡아 무엇 하리
나도 풋사랑 있다만 만나지 않으리.

# 봄 바다, 고요

누가 감히 흔들지 못하는
바이칼 호수 같은 목포 봄 바다
철없는 시간만 걸어간다

임종을 지키듯 바라보는
호흡마저 무색하리
바닷새도 벙어리다
돛배도 장님같이 걷는다

저 무량한 고요의 깊이
눈으로 보기 아까운 듯
등 돌리고 앉아 있는
인어공주의 머언 기다림

자그락거리는 자갈들이 얄밉다
고요라는 무색의 배경
사랑아, 우리 지금은
기다림의 몸짓도 하지 말자

봄바다에
바람의 눈썹 한 개가 내려앉는다
고요가 숨을 거둔다.

# 낙엽, 그리고 너

내가 좀 놀자고 해도
높은 곳에서 빈정거리던 너
그럴 줄 알았어
너만 보면 솟아오른 생生의 물음표
어찌 살아갈 건지
어떻게 사라질 건지
물음표를 한 아름씩 던져주던 너

어느 날은 가을이 녹아내린 길 위에
리어카 한 대가 굴러가고 있었어
그 위에 네가 타고 있었어
바람이 만들어준
붉은 휘파람소리가 장송곡 같았어
어디로 가는 거야
낙엽 너 그럴 줄 알았어
내가 시인인 줄 몰랐지.

# 세상을 정복하다

그대 음성 그리워 숲길을 걸었네
햇살 내린 소리도 툭 잘라 버리고
내 숨소리도 잔인하게 죽이고
그대 음성에 귀 기울였네
아무리 숨 죽여 들어보아도
산새소리 물소리뿐이었네

그대 음성 봇물 터지듯
숲속에서 밀려온다면
나는 숨이 멈출 거야
깨어나지 못할 거야

만약에 다시 깨어나서
함께 쓸려 간다면
세상을 정복하러 간 기분이겠네.

# 여백 설명서

천수를 누린다는 학은
먹이를 위의 80 프로만 채운다
여백과 휴식의 지혜를 알기에
그리도 자태가 고울까

학에 비유해서는 안 될
브레이크 없는 자동차 같은 삶이지만
마음에 여백 하나 만들 일이다
여백이 없으면 삭막하다
미완성 교향곡이 유명한 것은
4악장의 여백 때문이다
저금통의 동전도 여백이 있어야 소리가 난다
마음 한 번씩 흔들어 보라

식어간 찻잔에 남아있는
출렁거린 기다림의 선물
얼마나 아름다운 마음의 여백인가

여백은 항상
마음 빈자리에 살고 싶어 한다
흔들어 주기를 바란다.

# 슬픈 여인숙

애잔해서
이슬도 껴안지 못한다
차라리 눈 감고 보리라
허영의 옷 한 벌 벗어야 네가 보일까
아가같이 작아져야 네가 보일까

바람 없이도 세상을 흔들고
길손의 옷깃 없이도 인연을 만들고
가다가 또 멈추게 하는
너는 슬픈 여인숙

꺾는 이 손에도
밟는 이 발에도
이름 없는 향기로
이름 없는 꽃으로
너에게서 천국을 본다
들풀, 너는 하늘의 꽃이다.

# 사랑의 불씨

사랑멀미 같은 날
창가에 기대어 보듬어 보는
아침햇살이 한 몸 되어 놀자고 한다
무제의 그림이 되어 버린 햇살과 나
문득 햇살이 너였으면 좋겠다는
덧없는 희망사항

아궁이 잿더미 속에서
부지깽이로 불씨를 찾아
눈물 콧물 훔치면서 불을 지폈던 일
사랑의 불씨도 그런 것 아닐까.

# 넋두리

누구를 위한 몸짓이었을까 나는
밤마다 외로운 행성처럼 떠도는 것도 지쳤다

너라고 생각했을 너의 착각이 맘에 든다

파도소리 옆구리에 끼고 모래밭을 걸을때
맨발이냐 슬리퍼냐
그런 선택도 귀찮을 때 있었다

바람이 말을 걸었다
뒤돌아 볼 줄 모르는 바람
떠난 내 사랑 닮아 얄밉지만
바람의 등에는 업히고 싶었다

제 갈비뼈 사이로
파도가 새어 나간 줄도 모르고
누군가 파도를 모으고 있었다

그 어리석은 사람이 너라고 생각하니
내 넋두리는 마침표를 찍고 말았다.

# 소망 하나

가난한 묘비 같은 정월 초하루
시샘하듯 달려간 첫새벽
도리포 등 굽은 해송이 반긴다
한곳을 바라보는 소망의 눈빛들
침묵으로 달궈진 함성들
우주가 흔들린다
실핏줄 터지듯 붉어가는 순간에
남 먼저 외치고 싶은
내 졸작들이여 멀리 가자
당달봉사 점쟁이
새해에는
내 글발 멀리 비추겠다고 했다.

4

# 햇살이 그려준 악보

침전된 일탈이 춤을 추는 것은

빛바랜 인연들이 살아있다는 것

# 길에서 불러온 노래

수많은 신발이 남기고 간 무게
길 위의 무거운 노래가 되네

이팝나무가 내준 길 위에 창문 하나
바람이 먼저 들락거리네
세상 음역을 통째로 빌려서
내 청춘같이 놀면서

사선으로 노를 젓는 새떼
목울대를 횡단하는 매미소리
깨금발로 분홍스럽게 걸어온 일몰
저마다 음계와 음색이 되어
햇살이 그려준 오선지에 악보를 그리네

길 위에는 눈금 없는 고장 난 저울
나는 아픈 악기 되어
햇살이 구워 놓은 음계에 앉았네

조율되지 않는 내 한숨소리
길 위의 노래로 아프게 걸어가네요.

# 미소를 가두다

마누라한테 핀잔 잘 주는 남편
고기값 달라고 하기에
내게 빌려간 돈에서 사라고 했더니
무슨 돈 빌려줬냐는 듯 어설픈 미소
오른쪽 입 꼬리가 올라간다는
전설 같은 모나리자 미소도 아니고

워메, 웬 거룩한 미소냐고 했더니
그것이 십만 원짜리일 줄이야
아내한테 돈 좀 빌려주면
차용증 써서 거울 앞에 붙이면서
빌려간 돈 갚기 싫은 어설픈 표정

루브르 박물관 모나리자는
왜, 방 하나에 혼자 있을까
이 남자도 서재에 감춰버릴거나
십만 원짜리 미소 흘리고 다닐까 걱정된다.

# 그냥 두셔요

비가 오면 오는 대로 그냥 두셔요
하느님 눈물로 알고
눈이 오면 오는 대로 그냥 두셔요
하느님 사랑으로 알고
세월 가면 가는 대로 그냥 두셔요
인생 질서로 알고

내가 만약
실성거림으로 그대 향해 달려가
만나지 못하고 되돌아와서
세상 울음 다 보듬고
폭포 되어 하얗게 서 있다가
두둥실 하늘을 걷고 있어도

일몰 물고 와 잠들고 있는
바람의 출렁거림이라 생각하셔요.

# 골병이다

나는 어릴 때부터 일만 배워서
별명이 지게꾼이었다
지게가 커서 나를 끌고 다녔다
짐에 눌려 뼈마디가 성장할 틈도 없었다

내 또래들이
학교 갈 때 밭으로 갔고
공부할 때 삽질을 배웠고
사람소가 되어 쟁기질도 배웠다
내 병은 골병이야, 병원 안 갈란다

모르는 것이 약이 될까
그의 기억상자 속에는
노동이란 글자만 생선 알처럼 꽉 차 있다

생이 짐이었던 그 사람
지금은 절망을 스펀지처럼 빨아들이고 있다
사망진단서에 골병이라고 적겠습니다.

## 서러운 만가輓歌

맨돌에 부딪혀 우는 피라미 떼
상처에 더 아픈 상처를 안고 달린다
쉬어갈 의자 한 개도 찾지 못하고
종점을 잊은 채 달린다

피라미 떼 따라 가다가
죽은 날파리를 상여같이 매고 간
개미의 가녀린 협동을 보았다
개미들의 행렬 옆에 종이컵 한 개
하늘에 구걸하는 듯 앉아 있었다
누군가 뜨거운 입맞춤 후 버려진 종이컵
날파리에게 줄 이승의 마지막 술잔일까

상주같이 서 있는 흰 풀꽃들아
힘없어 끌려간 애잔한 날파리에게
서러운 만가輓歌라도 불러주렴.

# 넝쿨장미

누구를 유혹할래
낮술 얼큰한 표정
무슨 간절한 운명처럼
어슴하게 누워서

덜 익은 시선 따라
홍등가의 불빛같이
음흉하게 한 뼘씩 뻗어가는
실핏줄 터지듯 임을 향한 너의 노래

향기도 흐르다 지친
몰래 넘는 담장
애걸하는 꽃병풍 위로
붉은 가시로 꽂히는 햇살

눈으로만 보지 말고
손 좀 잡아 달라는 애절한 너의 속울음

시인, 릴케가 그냥 가라고 하네.

## 만추

만추를 시라고 생각할 때 있다
만추 속에 눈 못 뜬 시들의 방황
상한 낙엽의 걸음마
낮술뱅이 가난한 비틀거림
바람의 울음이 묻은 허수아비 옷깃
모두 만추가 품어낸 시들이다

시든 야생화 닮은 늦가을의 정취
단호하게 저무는 한 채의 적막 같다
사랑했던 젖값이 상한가를 칠 때는
꽁초처럼 비틀린 풀포기 임종에도
내가 밟은 낙엽에도 울먹여야 했다

부풀은 속정 어디 가서 해산할까
방황을 일삼는 울음스런 이 여자
반세기가 지난 지금도 이런다.

# 흑백영화

담배 연기 젖은 안개로 흐른 골목다방
사랑이 싹튼 텃밭으로 착각했다
베토벤의 '운명'에 광기를 부리면서
DJ 눈도장을 찍고 와야 잠들었던 시절
누구라도 음악 속의 연인이 되어
찻잔에 은하수를 띄우며
견우직녀의 갈망으로
일곱 빛깔을 그려냈던 그 시절

몇 개의 악장들이 굼실대는 다방 입구
잘 있으라는 쪽지가 마지막이었던
실연의 담배연기 내뿜었던
굳은 표정의 더벅머리는 어디에

사랑이란 이름표를 달지 않았어도
모두들 그립다.

## 꿈속에서

무인도에 갔다
밀물이 야금야금 무인도를 먹었다
화폭 속의 여인처럼 서 있다가
무인도의 꼭대기로 도망갔다
내 얼굴은 바다 간이역이 되었다
콧등에 등대 하나 세울까
깜박거리는 등대를 보고
나를 구하러 올 것 같아 그만 두었다
어느 시인이 한계령에 갇히고 싶어서
차가 지나가도 손 흔들지 않겠다고 했다
나도 무인도가 사랑인 양
묶인 닻처럼 그냥 있겠다
찰랑거린 수초가 얼굴에 시를 써 줄 때까지
물고기가 발바닥에 시를 써줄 때까지

먼 수평선에서 달려온 파도가
'편지요 편지' 나를 깨웠다.

# 찻잔의 밀애

저문 바닷가 찻집
추억조차 허락되지 않는 시간
밀도 깊은 감성의 한 여자
음악 속의 슬픈 언어들과 논다

습관처럼 놓인 찻잔
미각을 다림질한다
눈빛 아래 어른거리는 얼굴
노을이 제 살을 한 방울 떨궈준다
표정마저 멈춰버린 그녀

'그리움 한 조각 띄워봐'
유언처럼 출렁거린 노을의 말
두 손 모아 입술에 대는 찻잔
농축된 눈물이 풀리기 시작한다

무엇이 녹아 찻잔이 불타는가.

# 일방통행

차창 밖
정리되지 않는 시선이 어지럽다
오징어 발 씹듯 지난날을 질겅거리다가
어느 어부의 푸념이 생각났다
사랑하는 그대를
눈 뜨고 보면 닳아질까봐
눈감고 봤는데 놓쳤다는 어부
그리움의 갈증을 달래기 위해
임을 향한 노 젓기를 얼마나 했을까
나에게도 시작도 없이
끝종을 친 인연 하나 있었다
하늘에서 한 시간의 옆자리
죄 없는 잡지만 뒤적이며
조율 한 번 못한 채 숨만 조였다
헤어질 때 잘 가란 눈인사라도 기대했던
부끄러운 내 일방통행.

# 점치는 여인

네가 빌려준 내면의 힘을 합쳐도
한 달포 굶은 여인같이 쓰러지기만 했다
정직한 시간은 자꾸 끌고 가려하지만
내 몸뚱이는 큰 바윗덩이였다

그대여
네 소식 듣고 난 후
나는 내가 아니다
지옥 같은 용광로를 신발 없이도 걸었다
날개 없이 날 수 있는 새가 되었다

비바람 칠 때 우산 없어도
너 생각하면 옷이 젖지 않는 것은
사랑이 신의 경지에 오른 것 아니냐
그대여
행여, 길가에 거적때기 펴고
점치는 여인 있거든 난 줄 알아라.

## 예쁜 송곳니

활짝 핀 목련을 쳐다보니 명품 브레지어 고르는 기분이다 맘대로 고르라는 듯 환히 웃는 목련 바람의 장난기에 꽃잎 한 개 발등에 떨어진다 오래 전 인연에 걸린 낯익은 송곳니 나는 발등을 내려다보며 소스라쳐 놀랐다 네가 왜 여기에 왔니 웃으면 매력이던 너의 이니셜이던 송곳니 발등에 떨어진 꽃잎 하나가 이렇게 마음을 난도질하다니 그 송곳니 병들어 죽었을까 그 자리에 누가 새들어 살까 한쪽이 불구가 되었을지도 모를 그까짓 송곳니 한 개의 생사가 왜 이리 궁금할까 지금쯤 너랑 함께 긴 잠이 들었을지도 모를 목련꽃잎 닮은 송곳니가 잊었던 너를 다시 그립게 한다.

# 여수 밤바다

'여수 밤바다' 노래를 따라 갔다
파도 소리도
뱃고동 소리도
그 노래에 묻혀서 들을 수 없다

아직도 그리워할 것이 남아 있을까
기울어진 갈비뼈로 스며든
너의 기억을 갉아먹는 순간
비릿한 입술이 타들어간다
짜디짠 거품 같은 눈물이 고인다
이곳까지 따라붙은 그리움의 물살
발목 휘감겨 걸을 수 없다

바다 위에 집 한 채 지어
밀물 썰물이라고 문패 달기로 했던
물 묻은 다시마 같았던 우리 사랑
헤어짐의 오랜 방식처럼

한 줄의 대사도 없이
여수 밤바다에서 등을 돌렸다

뒷모습으로만 전해진
잔인한 이별 통보
수락한 적 없어도 겪어야 했다.

# 안부

복숭아를 먹으면
온몸에 분홍꽃 피는 너와 나
복숭아밭에 미팅 갔다가
파트너가 되었지

유난히 말이 적었던 너
바람이 스쳐준 옷깃에 만족하며
침묵이 대화였지
물음표가 많았던 너
한 개의 답도 얻지 못했지

이젠 복숭아 먹어도
가려움꽃 피지 않느냐고
안부 묻고 싶다

그대여 너에게로 향한
추억을 잠깐 요리하니
생生이 거대한 장편長篇 같구나.

## 연어처럼

입술만 아작아작 깨물었던 너
울지 않고 떠나서 다행이었다
만약 네가 울고 떠났다면
너의 눈물호수에 나는 익사했을 거야
그래도 손가락 걸어서 다행이었다
한 번은 만나야 한다는 약속

나는 지금 인생종점을 잊은 채
너에게로 가는 싱싱한 강이 되어
그 약속의 강물 위에 있다
너도 지금쯤
그 약속의 강물 따라
연어처럼 거슬러 오고 있겠지
우리 어디쯤에서 만날 수 있을까.

# 담 안에서 만난 사람

나, 교도소 공연 가는데 무슨 노래할까
언니, 처음에는 신난 노래
그 다음은 슬픈 노래
울음으로 힐링 시간 어쩌요
문인 후배 의견이다

안과 밖의 흑백이 확실한 교도소
어루만져 준 것은 창살 너머로 내민 햇살뿐
청잣빛 하늘은 그들에게 사치다
고개 숙인 재소자들
공연자도 죄인인 양 숙연해진다
맨 먼저 무대에 오른 반백의 남자
'모정의 세월'을 한 곡조 뽑더니
밤마다 손주에게 동화를 들려줬는데
할아버지 외국 가서 언제 오냐고 보챈다는
손주 이야기에 목이 메인다

모든 것이 소멸된 듯한 담 안의 세상
내 노래가 다독거려준 힐링 시간
흰머리 노파가 훌쩍인다
퀭한 눈, 합죽한 뺨이 맘에 걸린다
죄지을 힘도 없어 보인
그의 죄명이 궁금하다.

# 맨발의 여인

춤꾼인 이사도라던컨도 아니다
장미의 가시를 밟으러 온 것도 아니다
페디큐어를 자랑할 만한 발가락도 아니다
어젯밤 떨어진 별 조각을 밟으러 나갈까
발바닥에 붉은 별꽃 피겠다
햇빛이 눈을 찌르는 한낮
사부작거린 맨발이여
해석할 수 없는 상처의 코드를 찾는 여인

저문 나이에 남빛 머리핀
가우도 출렁다리에 왜가리같이 선다
'메디슨 카운트 다리'의 착각일까
황혼에 우주의 먼지 두 조각처럼 만나
나흘간의 사랑을 했던 소설 속 주인공인 양
먼 바다를 끌어온 기다림의 눈빛

그녀 * 는 난간에 기대어

표정 바꾸기에 바쁘다

이야기 주머니가 만삭인 그녀

음악에서 애드립을 넣듯

눈만 마주쳐주면

달착지근한 이야기 순산하기는 일도 아니다

하지만 맨발의 속내는 비밀처럼 껴안는 그녀

세월이 어깨 위로 기우뚱 얹힌다.

* 그녀 : 여성문학 '시누대'의 큰언니

# 불빛을 안주 삼다

별을 한 개씩 집어먹는 어둠이 귀엽다

바다가 마당인 콘도에서
먼 불빛을 안주삼아
술꾼들처럼 초저녁 술판을 벌였다
입술이 악기인 친구들
술상같이 펑퍼짐하다
이 저녁을 어쩌겠다는 말인가
청춘을 깡그리 배반하는 말들
창문 밖으로 내던지고

마음이 먼저 취해
젓가락 들고 도드락 판을 벌린다
주막집 냄새 물씬 풍기는
이 자지러질 풍경 좀 봐
바람난 바람이 팔짱 끼고 구경한다

순명의 너그러움이여
슬픔도 삭히면 순명이 될까
바닷새 울음 섞인 탁배기 한 잔에
뼈도 취해서 한쪽으로 눕는다
몸뚱이를 지팡이 삼아도 설 수가 없다

# 멍텅구리에게

시인이라면 시의 씨앗이 싹튼 소리 자주 듣고 옮겨 심을 줄 알아야 해 방구석에 폐선처럼 누워서 티브이나 깔딱거리면 무슨 시가 보이겠어 삭신 바스러진 소리에 슬픈 노래나 얹고 놀지 마 밥그릇 부딪히는 소리 수돗물 쏟아지는 소리나 듣고 생쥐 고구마 갉아먹듯 시간만 갉아 먹지 마 용돈 부족하면 김밥 오뎅 집이라도 가서 김밥 옆구리 터진 소리라도 들어봐 하소연하고 싶어 발버둥 치며 분통을 되새김질하는 누군가 있을 거야 아니 두 발이 힘들면 두 귀라도 열어봐 요즘은 창문을 닫아도 구구새의 노란 울음이 갈비뼈까지 파고 들더라 뜯어진 커튼처럼 쓸모없이 집에만 있지 말고 죽어가는 풀벌레 소리라도 들어봐 세상에 널려있는 것이 시의 씨앗이란다.

5

# 울음을 이고 가다

아득한 생의 불빛 같은
마음이 가난해지는
한없이 희고 아련한 향수

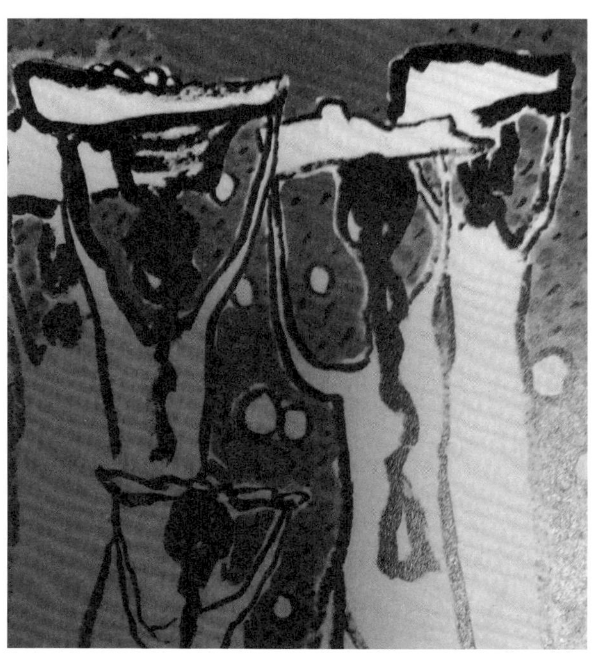

# 빨래터

물소리, 방망이소리, 수다 떠는 소리
작은 화폭은 투정이 없다
내 유년이 그곳에서 놀고 있는 착각
비누바구니 들고 엄마 따라갔던
시끌벅적한 빨래터

시집살이 석삼년 참아온 새댁
눈 열고 입 열고 귀 연다
구멍 난 옷소매에 핑글 떨어진 눈물

난타로 이어진 방망이소리
산자락을 휘돌아 메아리로 오면
너럭바위의 빨래 하얗게 웃던
새물내 감도는 무색의 빨래터

지금은 너럭바위로 남아
세월을 무겁게 이고 있겠다.

# 느낌표를 사랑해

인생이란 물음표가 쏟아져도
벙어리같이 지나가리
답하지 못한 것이 인생물음뿐이랴
듣고도 고개 돌린 것들
보고도 눈 감은 것들

물음표는 버려도
느낌표는 사랑하리
느낌표 속에는 희로애락이 있어
느낌표 속에는 무수한 꿈틀거림이 있어

비바람을 요리할 수 있는
시인이 되기 위하여
느낌표는 내 사랑같이 사랑하리.

# 실성한 여자

파도에 업혀 다닌 번지수도 없는 외딴집
우체부가 올 일도 없어 다행이다
산발했던 머리도 보살같이 되어버린
점상을 못 받아 실성거린다는 그 여자
매운바람에 코를 씻으며 개펄에서만 논다
휘젓고 다닌 개펄에 찍힌 흉터는
밀물 썰물의 몫이다

지금 그곳에도 겨울이 왔겠다
어느 슬픈 죽음과 함께
흰 뼈라처럼 눈이 흩날리고 있겠다
상처 난 한쪽 어깨가 젖은 줄도 모르고
삶의 귀가길 아득한 줄도 모르고
그 여자 아득히 서 있겠다

공동묘지 도깨비가 춤추듯
바다를 품고 발광하는 그 여자를

만약에 파도가 육지로 데려다 준다면
시린 발목을 어디에 뻗을까

가난한 산 귀퉁이 들짐승마을
구멍 난 집 한 채가 반겨주겠지.

# 득음

아픈 죽음기 그 자리만 맴돌 듯
한 장단에 목숨 걸다보면
침묵의 음보 하나 만들어지겠지
종달새같이 맑은 소리 못내도
순풍에 돛배 걸어가는 소리는 내겠지
바윗돌 부딪치는 웅장함 아니라도
물 위를 아장거린 아가의 발소리는 내겠지

득음이 별거라냐
서편재의 송화가 아니면 어떠리
폭포 아래 붉은 목숨 아니면 어떠리
내 고향 바윗돌에 앉아서
파도소리 폭포 삼아
우주 위에 나를 놓고 곡예하다 보면
정한의 깊은 소리 한 곡조 탄생하겠지.

# 공수래공수거

퇴적 공간으로 밀려난 빛이 없는 눈동자들
요양원을 외투처럼 껴입고 어둠에서 농익어간다
검버섯 향기 검다

제자리 떠난 입술도 포기한 늙은 풀잎 같은 그들
숨소리를 허공에 걸고 순한 물결처럼 떠는 손목
이별연습을 하고 있다

어느 쪽 깃발도 허용되지 않는
생과 사의 공동경비구역
하류에 쌓인 모래성인가 허물어감이 진행형이다

생이 벗겨진 석양처럼 잦아든 빈자리
휠체어만 앉아서 공수래공수거라 말한다.

# 수세미

낡은 인형 같은 할머니
머릿결이 수세미다
날짐승이 쉬어갈까 걱정이다

질프덕 앉아 폐지를 줍더니
만삭된 손수레를 보고
꽈리 열매 같은 얼굴, 조금씩 풀어진다

한숨소리로 일어나 손수레에 몸을 맡긴다
손수레는 패인 골목길을
바람에 쓸려간 비닐봉지처럼
절뚝이며 무시로 간다
나일론이불이 깔린 쪽방으로

식은 밥 한 덩이의 고마움
오늘 분의 노동에 대한 기쁨이다

고된 하루 횃대 위에 걸고
보약같이 잠을 청하는
이런 것도 삶인가요.

# 인정은 부드럽다

울음이 산 첩첩 쌓이는 날
돌림노래 하자던 회오리바람
나를 달래지 못하고 떠난다
지나던 솜털구름 뭐라고 사살대는데
매미소리에 들리지 않는다
한 해의 종지부를 찍는 매미의 울음
그 순간 뭐라 나무랄 수가 없다

멈춰 선 솜털구름
저 한 몸 풀어 내 눈물 애써 닦아준다
나 같은 또 한 사람을 찾아서 바쁘게 떠난다
정 많은 솜털구름
몇 사람만 더 만나면
온몸 갈기갈기 흔적도 없겠다.

# 모노드라마

무대는 부둣가요 배우는 좌판대 여인
호루라기 소리에 막이 오른다
보복이나 한 것처럼
단속경찰에게 달라든다
깨진 징소리 같은 생의 불협화음
허물린 삶의 한쪽 서러운 노래
흙수저의 한풀이가
빙글빙글 공중분해 될 때까지
떠날 줄 모르는 얄미운 구경꾼들
멀미난 하루를 좌판대에 뉘어놓고
주섬주섬 보따리를 싼다
낡은 가방을 뒤집어 턴다
그날 하나도 못 팔았다는 듯이.

# 그녀의 반란

거짓말의 서사처럼 번지는 소문
한동안 두절된 그녀의 침묵이 배달되었다
최고만을 안고 살았던 명품녀
죽음도 최고라야 했을까
동해의 물빛 찾아
이승의 종점을 정동진으로 찍고
야간열차 속에서 얼굴이 들킬까봐
백치처럼 보이려고 애를 썼을 때
숨통 열어준 기적소리 고마웠겠다

이승에서 마지막 저녁상
술잔에 회개의 검은 눈물
정선아리랑 한 곡조 참말로 슬프게 뽑고
물개처럼 엎드려 자신의 어둠을 물어뜯었겠지
심청이 인당수에 몸을 던졌다는
전설을 믿었던 그녀
날이 새면 파도의 등에 업힐 상상을 하면서

푸른 노숙자 같은
대책 없이 선명해진 삶
죽음의 경계를 건너뛰고 싶어
벗었던 분홍신 다시 신었다는 그녀.

# 신선놀음

동양의 숨은 낙원이다
야자수의 섬 중국 하이난
진초록 융단 같은 바다
야자수 잎이 부표같이 떠있다

야자나무 아래 비치침대에 눕는다
구성진 가락의 파도소리가
자장가같이 나를 잠재운다

야자나무 기침소리에 잠이 깼다
고두밥같이 고슬고슬해진 몸뚱이
강태공의 여유로운 웃음이 절로 난다
누가 어머니처럼 부채질을 해주었을까
야자 잎으로 부채질을 해준다는
동화 속의 원숭이가 다녀갔을까

야자 잎 접시에 망고가 노랗게 웃고 있다
남국의 보시布施에 나는 문득 구름 속 신선이 된다.

# 다락방 아이들

동화작가의 다락방
요들송 같은 아이들 웃음소리
반장이 없어서 무질서하다
소공녀의 세라도 와 있다

지구상의 아이들 다 모였다
이름만 부르려도 몇 날은 걸리겠다
다락방에서 늙어간 동화 속 아이들
돌봐줄 사람 없어도 즐겁단다
아기별이 내려와 노는
운하 같은 바다가 있어서

자장가로는 달래지지 않는
파도의 장엄한 서곡을 들어야 잠드는
고집쟁이 빨간 맨발의 아이
구름을 입에 문 채 잠들었다.

## 추억을 열람하다

연어처럼 세월을 거슬러
유년의 골목으로 들어섰다
맨 먼저 코끝에 걸린 동동주 냄새
밥태기꽃 몇 개 피우고
아랫목에 도도하게 앉아있는 술독
인형같이 만지면서 놀았다

고두밥 삭아 내린 소리 들리는
손금처럼 펴져있는 이끼 낀 고샅
미끄러져 극악스레 울었던 나는
누가 일으켜주도록 기다렸다
고샅 끝자락에 마을을 휘감는 도랑물
아기선녀같이 참방거리며 놀았다
물젖은 간당구가 설익은 비너스였다

헐린 담장조차 따스했던 초가집 툇마루
형제 많은 친구들을 부러워하면서
혼자 어린 고독을 키웠던 곳

젖은 들새같이 휘젓고
고추잠자리 뒤만 쫓으면서
어지러운 춤을 혼자 배움은
고독의 첫걸음이었다.

## 지각한 봄눈에게

새봄의 발자국 소린 줄 알았는데
당신이 오는 소리였소
영영 돌아선 줄 알았는데
미련 때문에 다시 왔나요

창 밖에서 서성이는 당신 모습
반가워 뛰어 나가니
아까워라 그 길고 긴 순례의 길
눈물만 남기고 떠났대요

겨우 꽃문을 열었는데
당신이 문을 닫았다고
꽃님들에게 쫓겨났나요
흔적도 없이 떠난 당신은
마음으로 불러보는 하얀 노래
껴안을 수 없는 순수의 덩어리
남기고 간 눈물로 사랑의 깊이를 재 보렵니다.

## 태양

저녁연기 피어오르고
뻐꾸기 울음이 잦아들 무렵
내 손가락 사이로 빠져 나간 태양이
언덕배기 소나무에 걸터앉아 하루를 반성한다
내 손끝 안 가는 곳이 어디 있으랴
세상의 모두에게 많은 일을 한 듯
만족해하는 태양
붉은 기지개 한 번 켜고
화려한 자살을 한다
그런데 아무도 슬퍼하지 않는다
헤밍웨이의 '태양은 다시 뜬다'를 모르는
멍텅구리 바닷새 몇 마리만
잠깐, 끼룩 끼룩 의무처럼 곡을 한다
백년을 사시다 가신 피붙이 문상에서 들었던
의무 같은 그 곡소리 같다.

# 오래된 이야기

그는 바바리 깃 날쌔게 세우고 도도한 강물같이 걸었어
나는 부족함을 구걸 간 것처럼 종종걸음이었어
그는 순간만 머물렀다가 떠나는 소나기구름 같았고
나는 그 구름이 내 머리 위에서만 머물기를 원했어
끝말잇기가 멈출 때까지 함께 하기를 원했어

삶의 바탕이 침묵이라고 말한, 그는
침묵을 소리보다 더 옹골지게 생각했어
그는 나의 소망이 참지 못할 일거리였어

그런데 미워할 수 없는
언젠가 허락도 없이 들어와
잘 마르지도 않는 나의 과거 속에서
음습이 잠들고 있어
그를 위하여 장작불이라도 지펴야겠지.

# 쓸쓸한 흰 꽃

설한풍 매화라도 되고 싶더냐
칼바람 속에 순천만 억새밭을 걸었다
사람은 사람끼리
슬픔은 슬픔끼리
보듬고 걸어보지만 차갑기만 했다
그 찬란했던 억새도
제 목숨 다했다는 듯 빛을 잃고 서 있다
억새 곁에 서 있기 싫은 나이들
누가 볼세라 모자를 꾸욱 눌러 썼다

억새머리로 서 있는
홀수로 사는 내 친구
왜 그리도 쓸쓸한 흰 꽃 같던지.

## 광대가 되다

매월 어르신 재능 기부를 간다
그 날을 잊지 않고 찾아온 광대
즐거워서 추는 춤은 아니다
규칙 없이 흩날리는 노랑 가발
어울리지 않는 옷차림에 허. 튼. 춤.

영화, '왕의 남자'라면 좋으련만
'나 아니면 누가 살피랴'를
되뇌며 춤을 춘다
이 순간만 밝은 세상이라는
무학의 광대
아내의 아픔도 내 탓인 양
웃음 없는 몸짓에 장단도 울먹인다

무대 옆을 스치는 뒷모습의 상한 그늘
그 남자는 시린 등을 만지러 간다
뿌리 없는 나무 같은 아내 곁으로.

## 하늘을 읽다

토끼구름이 떠다닌다
손녀가 구름의 가는 곳을 묻는다
떡방아 찧으러 달나라 간다고 했다
풀도 없는데 뭘 먹고 사냐고 묻는다
안 가봐서 모른다고 했다
할머니는 선생이면서 그것도 모르냐고 한다
봉숭아 꽃방아를 찧는 손녀
달나라 토끼도 꽃방아 찧느냐고 또 묻는다
그것도 모른다고 했다

손녀의 꿈을 차마 꺾을 수 없어서
계수나무도 방아 찧는 토끼도 없다는
우주인의 말을 전하기 싫었다
손녀의 일기 제목은
'할머니는 아무것도 모른다'였다

# 수의 한 벌

조문을 가서 옆방에 안치된
망자를 보았다
살아생전 불평등한 세상
죽어서도 불평등하다
그를 낳은 위대한 어미도 있었거늘
왜 저리도 비참할까

영정사진 앞에 꽃 한 송이도 없다
보이지 않는 도깨비불 속에
파리 한 마리만 상주같이 곡을 한다
금수저 흙수저가 죽어서도 구별되는
서러운 망자의 시간은 멈췄다
누가 수의 한 벌이라도 입혀줄까
아직 남은 그림자만 눈물로 서성인다.

# 그때 그 자리

헐렁한 청바지를 즐겨 입은 너
네잎클로버 찾는 것이 핑계였어
쪼그리고 앉아 고개를 들 줄 몰랐어
할 말이 굼실거릴 때는
어깨가 조금씩 들썩거렸어
끝내 말문을 열지 못하고 헤어진 그 자리
실개천 흐르는 소리가 슬펐던 그 자리

입안에서만 중얼거렸을 사랑의 테마
행여 흘리고 떠났는지 그 자리에 가 보았어
네잎클로버만 행운의 꽃밭이었어
왜가리 한 마리가 안쓰러이 쳐다보더라.

# 시적 천진성과 "오로라의 시학"

## -복사열처럼 번져온 그리움의 순수가 『섬 하나 베개 삼고』에 스미기까지

김　종(시인 · 화가)

이겨울 시인의 작품을 독서하면서 필자의 머리에 맨 먼저 달려온 것은 2004년에 대한민국 국회와 한국문화원연합회가 공동으로 펼쳤던 〈국민의 시 공모〉에서 그의 시 「선창」이 수많은 응모자를 물리치고 당당히 대상인 '국회의장상'을 수상했을 때의 그 감격스러움이다. 이겨울 시인이 자주 자신을 '섬 크네기'라고 하지만 그래서 당시 심사위원들이 「선창」이 갖는 느낌을 맛깔스러운 작품으로 평가했듯이 이 작품의 시적 형상화가 자못 눈여겨졌던 것이다.

비둘기 모이 같은 햇살들 쏟아지고
기뻐하며 사랑했던 내 목마른 고향산천이
불빛을 생각하며 정든 돌멩이를 던진다
파도소리 어느새 넝쿨처럼 감기면서
선창의 앞산이 밉살스레 고개 민다

세월은
북장구 없어도 술래처럼 떠들썩해
하얀 장지문이 가볍게 울던 저녁
바람은 갯마을의 풀빛들이 대견한지
편하게 떠들며 쓰다듬고 쓰다듬고 하다가

드디어 달뜨는 시각에
슬픔도 습관처럼 울다가 웃다가
중심 잃은 몸으로 허리를 흔들었다
체위를 바꾸어 술 한 잔 따르면서
유난히도 붉어진 이름 하나 불렀다.

—「선창」 한 부분

이겨울 시인은 이때에 현직 교사였고 문학보다는 음악 쪽에서 자신의 재능을 열어가던 때였다. 그는 그때의 수상을 계기로 차츰 문학 쪽으로 경도되기 시작했고 『대한문학』신인상과 첫시집 두 번째 시집을 상재

하기에 이른 지금까지의 그의 시작품의 인상은 때 묻지 않은 '순수함'과 '천진함'에 발광한 문학적 울림이라 할 것이다.

## *문풍지 바람에도 흔들리는 어머니의 빈자리

필자는 이겨울 시인의 시 창작의 오늘까지를 인도하면서 그가 얼마나 타고난 로맨티스트인가를 여실히 지켜보았다. 실례의 말이 아니기를 바라지만 이겨울 시인의 시는 이겨울 시인을 꼼짝없는 한 사람의 낭만가객임을 알아차리게 하는 판정 자료들이다.(이 말은 이겨울 시인을 한 사람의 시인다운 시인으로 표현하려는 의도에 터 잡고 있다.)

흠, 이겨울 시인이 낭만가객이라!

사실 이 말은 시를 쓰는 내 자신의 이름에도 맨 먼저 붙이고 싶은 관형어인 까닭이다. 그런데 이겨울 시인의 작품에서의 인상과 생각은 그가 한 사람의 인간임과 동시에 한 사람의 가객이며 한 사람의 시인이라는 사실이다. 그것은 그만큼의 풍부한 낭만성을 작품 편편에 담아냈다는 의미에 다름 아니며 온몸으로 증명한 그 자신만의 언어가 인간적인 체취로 고스란히 스며들

거나 육화되어 한 편 한 편의 작품으로 옮겨졌음이리라. 그리고 그것은 그의 인간적 풍모와 경치를 보여주는 일 이상도 이하도 아니기 때문이며 이겨울 시인의 작품에서 가객의 낭만성을 읽는 일은 체질로서의 음악성이나 음악적 풍경을 언어적 차원에서 살피는 일이기도 하다.

시인에게 낭만성은 시적 열정을 동반하는 경우가 허다하다. 시적 낭만성에는 늦고 빠름이나 높고 낮음이 없으며 시적인 성과 내지는 감동과도 직결되는 문제이다. 그런 의미에서 낭만성과 시적 열정은 하나로 짝을 이루는 말이며 그것들의 추진력이 이겨울 시인의 오늘의 작품적 성과를 보여주기에 이른 것으로 필자는 생각한다. 실에 있어 일상은 무미건조하고 따분하기까지 하다. 하지만 언어적 채굴을 통해 광맥처럼 매장된 일상사의 극광 내지는 사방팔방에 뻗친 언어적 이채를, 시를 통해 체험할 수 있다는 것은 창작자인 시인의 입장에서만 행복한 일이 아니다. 그런 의미에서 시인은 언어를 다루는 거의 절대적인 조정자 내지는 사용자라는 사실이며 그 같은 권능의 표출이 이겨울의 시에서 오로라를 빚어내기에 이르렀다고 할 것이다.

문학은 어김없는 '인간의 작업'이다. 그리고 '인간이 담긴다.'는 점에서 문학은 인간 아닌 사물을 표현해 보일 때도 인간의 범주를 벗어날 수 없음이다. 실에 있어서 줄글인 산문은 구상성이 강한 글쓰기지만 귀글인 시는 추상성이 주효한 글쓰기라는 점에서 이 둘은 발전적 의미의 대조도 가능하겠다는 생각이다. 그래서 산문에도 시적인 부분이 끼어드는가 하면 산문적인 진행과 표현이 그대로 시가 되기도 하는 것이다. 이 말의 진의는 이겨울 시인을 읽어가면서 필자의 미진한 독법이 그의 시의 급소를 통쾌하게 살펴내지 못할 부분적 한계를 염려한 때문이다. 곧이곧대로의 생은 그 어떤 재미도 흥미도 없다. 조리를 하자해도 조미료가 필요하듯 시의 창작 또한 조미료의 작용을 기다리는 여러 요소와 장치가 필요하다. 그리고 시의 전후를 밀고 당기는 시적 재치와 기발함이 그 같은 효과에 이르는 것임은 물론이다.

고아처럼 서 있는 백지 위에
밤마다 새겨본 당신의 얼굴
새벽녘이 가까워도 백지는
백지로만 남아 있습니다

사랑을 해본 기억이 없다고
하늘에서 떨어진 딸이라고
온 동네 소문을 내셨던 당신
어찌 너를 두고 눈을 감냐고
아픔처럼 울다가 가셨습니다

가신 후에 찬밥이 쌓인 우울한 식탁
슬픔이 먼저 목이 메이던
설움과 침울로 물 말아 드시던
숟가락이 필요 없는 밥 한 끼
쓰라리게 마신 이승의 시간이었습니다

설야에 당신의 베틀 소리
문풍지 바람에 졸고 있는 호롱불
그 서러운 석유 냄새의 기억
이제야 헤아려본 슬픔의 무게

용서받아야 한다는 사실이
갚아야 할 빚처럼 떠오르는 밤
시작도 끝도 없는 눈물의 편지
부칠 수 없는 절망감도 죄입니다

다시 가져오고 싶은 그 이름

내 어머니

—「다시 가져올 그 이름」

지구상의 모든 어머니는 보통명사이기도 하고 고유명사이기도 하다. 그만큼 어머니는 보편적 호칭이기도 하고 한 분 한 분에게 절대성이 부여된 고유한 이름이기도 하다. 어머니 없이 태어난 사람도 없겠지만 어머니에 대해 간절하지 않는 사람 또한 없을 것이다. 이겨울 시인에게도 '어머니'는 여전히 "다시 가져오고 싶을 만큼 간절한 이름"이다. 달려가서 안아드리고 싶고 맛있는 음식을 보면 봉지 봉지 싸드리고도 싶고… 어머니를 향한 미련들이 어찌 한두 가지이겠는가.

지구상에 살아가는 어느 자식이 어머니 앞에 죄인 아닌 이가 있을까. 그럼에도 어머니에 대해 사죄하고픈 화자만의 '죄'는 무엇이었을까. 어머니를 생각하며 백지를 놓고 무엇부터 그릴 것인가를 골몰하는 시인의 모습이 눈에 보이는 듯하다. 무엇이 그리도 절절하기에 "밤마다 새겨본 당신의 얼굴"인데도 새벽녘이 가까우면 "백지는/백지로만 남아 있"을 수밖에 없었을까. 그래서 항용 고아로 서있어야만 하는 이겨울 시인의 어머니에 대한 사랑 이야기는 두 번째 연부터 구체적으로 드러난다.

"사랑을 해본 기억이 없다고/하늘에서 떨어진 딸이라고/온 동네 소문을 내셨던" 어머니였다. 그러나 실에 있어 이 말은 사실이 아닌, 반어적 표현임은 "어찌 너를 두고 눈을 감냐고/아픔처럼 울다가 가셨"다는 진술에서 그 실체를 확인할 수 있다. 작품의 독서만으로는 이해할 수 없는 일이지만 어머니가 화자인 시인더러 사랑해본 적도 없고 하늘에서 떨어진 딸이라는 오금 박는 말로 동네방네 소문을 내셨던 대목에 오면 울림은 더욱 크다. 그런 어머니이니 백지를 놓고 그리려 한들 그릴 곳이 어찌 한두 군데였겠는가.

가신 후의 어머니는 빈자리가 자못 크다. 그래서 살아생전의 흔적을 대하는 자식의 마음을 더더욱 아프게 한다. 모르긴 해도 입가에 슬픔이 차서 목이 먼저 메던 어머니의 이승의 시간은 물에 만 밥을 수저도 없이 그냥 마셔야 넘기실 수 있었던 것이다. 어머니의 이승은 편하게 가슴 한번 펴보지 못한 "설움과 침울"의 시간이었고 눈 오는 시린 밤에도 문풍지바람에 호롱불을 밝히고 베틀소리로 밤을 새우시던 어머니였다. 어머니의 그 같은 노역 없이 어찌 오늘의 우리가 가능했겠는가. 화자 또한 '이제야' 헤아려본 슬픔의 무게처럼 "그 서러운 석유냄새의 기억"이 어머니를 생각하는 시간이면 더욱 선명했던 듯하다.

이 작품의 마무리에 오면 "시작도 끝도 없는" 자식의 가눌 수 없는 통한의 언어가 "부칠 수 없는 절망감"으로 다가온다. 시에 읽힌 대로 화자가 어머니에게 용서받아야 할 일이 무엇인가는 독자의 일은 아니다. 그냥 어머니를 향한 자식 갚음을 가슴 두드려 가면서 통회痛悔하는 이겨울 시인이나 어머니를 단골 소재로 노래하는 시인들의 나라에서 위의 작품은 그 울림이 자별하다.

별을 한 개씩 집어먹는 어둠이 귀엽다

바다가 마당인 콘도에서
먼 불빛을 안주삼아
술꾼들처럼 초저녁 술판을 벌였다
입술이 악기인 친구들
술상같이 평퍼짐하다
이 저녁을 어쩌겠다는 말인가

청춘을 깡그리 배반하는 말들
창문 밖으로 내던지고

마음이 먼저 취해
젓가락 들고 도드락 판을 벌린다
주막집 냄새 물씬 풍기는
이 자지러질 풍경 좀 봐
바람난 바람이 팔짱 끼고 구경한다

순명의 너그러움이여
슬픔도 삭히면 순명이 될까
바닷새 울음 섞인 탁배기 한 잔에
뼈도 취해서 한쪽으로 눕는다
몸뚱이를 지팡이 삼아도 설 수가 없다

—「불빛을 안주 삼다」

바다가 마당인 콘도에서 먼 불빛을 안주 삼아 벌인 초저녁 술판은 작품을 읽는 독자의 입장에서도 아름답게 느껴진다. 어둠이 와서 하나 둘 별들이 눈을 뜨는 시간은 어느 새 온 하늘을 덕장삼은 별들로 가득하여 숨소리도 삼가는 듯 반짝이기만 한다. 이런 시간의 술자리는 대개 고담준론이 제격이다. 허지만 분위기에 따라서는 젓가락 장단을 배경으로 걸쭉한 노래들이 제멋대로 이어지는 대단한 놀이마당이 연상된다. 누구랄 것 없이 편하게 자세를 취하면서 벌이는 술판이니 "입술이 악기인 친구들"은 너나없이 퍼질러져 펑퍼짐했을 것이다. 여기에서 쏟아지는 말들이나 노랫가락이 어찌 주변의 체면 따위를 생각하고 말고 하겠는가. 분위기가 저녁시간을 온통 들었다 놨다 했을 것이고 일거에 이 세상을 종횡무진 날았을 것이다. 청춘은 가둘 수 없는 자유분방이므로 몸보다 마음이 먼저 취하게 되고 "이 자지러질 풍경"에서 젓가락 장단으로 덤비는 도드락 판은 '바람난 바람'도 팔짱 끼고 구경하게 생겼다.

바닷바람은 창문을 넘어오고 파도소리가 반주처럼 어우러진 바닷가의 저녁 시간은 낭만이 넘치고 세상사 너그러운 한 자리의 조화가 아닐 수 없겠다. 그럴 쯤이니 "바닷새 울음 섞인 탁배기 한 잔"은 슬픔도 삭혀서 순명을 만드는 불빛 따뜻한 위안의 자리가 아니었겠는가. 이겨울 시인이 화자가 된 이 자리에 너도 나도 취기가 가득해진 상황이어서 뼈도 술에 취해 바로 눕지를 못하고 지팡이 삼은 몸뚱이도 바로 설 수가 없다고 했으니 취기로 다스리는 순명의 시간이 화평하기만 하다.

「불빛을 안주 삼다」는 사람 세상에 이만한 낭만이 있을까 싶다. 저마다의 시간이 제멋대로 어우러졌고 그 속절없는 슬픔과 어울린 순명의 너그러움이 바람 만난 불빛처럼 아름답게 너울거렸으니까.

물소리, 방망이소리, 수다 떠는 소리
작은 화폭은 투정이 없다
내 유년이 그곳에서 놀고 있는 착각
비누바구니 들고 엄마 따라갔던
시끌벅적한 빨래터

시집살이 석삼년 참아온 새댁
눈 열고 입 열고 귀 연다
구멍 난 옷소매에 핑글 떨어진 눈물
난타로 이어진 방망이소리
산자락을 휘돌아 메아리로 오면
너럭바위의 빨래 하얗게 웃던
새물내 감도는 무색의 빨래터

지금은 너럭바위로 남아
세월을 무겁게 이고 있겠다.

—「빨래터」

지금은 흔적조차 사라진 풍경이지만 시골마을에는 으레 빨래터에 나와 방망이질하는 아낙들은 일상의 흔한 풍경이었다. 빨래라는 게 계절을 가리지 않는 작업이어서 눈보라치는 겨울철에도 얼음을 깨고 찬물에 손을 담가가며 빨래하는 광경은 지금의 사람들에게는 상상조차 어려울 만큼 절로 몸이 으스스한 일이다. 어디 그뿐인가. 길고 긴 겨울밤, 가물거리는 초꼬지 불 밝혀 놓고 수를 놓거나 베틀에 올라 베를 짜는 모습은 지금은 사라진 한 시대의 풍속이 되기에 충분하다. 이른 새벽 용알뜨기로 마을의 공동우물에서 물 긷고 빨래하는 아낙들이나 봄 되면 이 산 저 산 옮겨 다니며 나물 캐는 댕기머리들의 처녀들도 다시는 되살릴 수 없는 우리들 유년 시절의 단골 풍경이 아닐 수 없겠다.

사진촬영이 없었던 시절이라 기록성만으로도 그림의 역할이 컸었다. 그 중심에 단원 김홍도 화백의 작품들은 그 시대의 여러 광경들을 사실적으로 선보여 주기에 충분했다. 위의 작품에서 우리는 이겨울 시인의 특유의 시적 재치를 읽는다. "물소리, 방망이소리, 수다떠는 소리"에도 작은 화폭은 한 번의 투정도 없었다는 상상은 얼마나 풋풋하고 아름다운가. 흐르는 물에 연신 방망이질하다가 빨래를 다시 헹구며 앞뒤 좌우의 아낙들과 이 얘기 저 얘기로 수다를 떨랴 그야말로 빨래터는 정보가 교환되는 장소이기도 하고 저물지 않는 5일 장마당처럼 시끌벅적했었다. 그곳에서 시인은 유년으로 되돌아가 천진한 표정의 여유를 보이며 노래하고 있다.

### * 물은 흘러흘러 하늘과 만난다

빨래터에 가본 이는 알겠지만 한 손으론 빨래를 연신 개키며 다른 손으론 방망이질을 해대는 아낙들의 모습에서 난타를 연상하는 것은 그리 어려운 일이 아니다. 그 방망이소리가 메아리 되어 산자락을 휘감고 울릴 때면 새물내 감도는 무색의 빨래터가 하얗게 웃고 있다는 표현에 때 묻지 않은 이겨울 시인의 '순수무구'가 허공 가득 떠오른다. 모르긴 해도 이들 표현이 이겨울 시인의 꾸밈없는 심성을 그대로 보인 건 아닐까. 그러나 이처럼 때에 절고 땀에 전 옷가지를 빨아내고 헹구는 무색의 빨래터이건만 "눈 열고 입 열고 귀 열"고 석 삼년을 살아온 부녀자의 서글픈 시집살이의 역사가 김 서린 것 또한 맘 편히 넘길 수 없었겠다.

여자가 시집을 가면 벙어리 삼년, 귀머거리 삼년, 장님 삼년… 석삼년씩 도합 9년을 조건 없이 참아야 한다는 가르침이 살아있던 시대는 정말 곧이곧대로 듣고 본 것을 말 못하고 지낼 수밖에 없었다. 그리 9년을 살던 어느 며느리가 벙어리로 오인을 받아 친정으로 쫓겨 가는 도중에 풀숲에서 날아가는 꿩을 보고 노래를 부르자 벙어리가 아닌 것이 밝혀져 다시 시집으로 돌아갔다는 〈꿩 노래〉는 전후 사건의 서사적 줄거리가 이 시대의 모습을 가감 없이 읽게 한다. 시인은 그것을 김홍도의 그림 '빨래터'에서 장면 장면을 연상해내곤 구멍 난 옷소매에 핑글 눈물을 떨구었던 것이다. 빨래를 널던 그 빨래터의 '너럭바위'가 녹지 않는 만년설처럼 세월을 무겁게 이고 있겠다는 시인의 상상력은 아프지만 지울 수 없는 시대적 유산처럼 깊은 울림을 준다.

하늘과 바다가 포옹하는 흔적이구나
수억 년을 짓밟아도 끊이지 않는 노을의 줄넘기
아기구름이 고무줄인 양 당겨보지만
자는 듯 누워있는 과묵한, 너의
끈질긴 목숨은 어디가 시작과 끝인지

파도의 얼룩들로 얽혀 있는 너에게
풀어진 바람의 상처가 걸터앉아 울고
어둠을 여는 예배당 종소리가 부딪혀 울고
간혹 갈매기도 곡예를 하더구나

너의 끄트머리 한두 뼘 잘라주렴
이마에 한 줄의 그리움으로
질끈 동여 메고
조막만한 섬 하나 훔쳐 베개 삼아 누울란다.

—「수평선에게」

우리가 만들어서 그리 부를 뿐 세상의 삼라만상은 그 무엇도 시작이나 끝이 없다는 게 시인의 생각이다. 통상적으로 높은 것은 하늘이고 낮은 것은 땅이다. 허지만 한편으로 이보다 막연한 말도 없겠다. 땅보다 낮은 것이 물인 것은 주지하는 바이지만 낮은 곳만을 흐른다고 어디 물이 낮은 사물이기만 하던가. 물은 속성상 낮은 곳으로만 흐를 뿐 궁극적으로는 가장 높은 하늘과 만나고 있다.

그뿐인가. 낮은 곳에서도 더 낮은 곳만을 짚어가며 흐르는 물의 겸양을 보면서 인간은 많은 것을 배우게 된다. 물은 언제나 보다 낮고 보다 부드럽고 보다 겸손한 사물이다. 그래서 장자는 물에게서 세상에서 가장 좋은 것은 무릇 물 같아야 한다는 '상선약수上善若水'의 가르침을 권했었다. 또한 낮은 곳만을 짚어서 흐르는 물이 바다에 합류한 뒤 세상에서 가장 높다는 하늘과 만나는 것을 보면서 장자가 무엇을 가르치려는 지를 인지하게 된다. 실지 바다에 나가보면 물이 얼마나 높은 곳에 위치한 사물인지를 알 수 있다. 성경이 가르치는 "낮은 데로 임하라"는 구원의 아포리즘은 그런 의미에서 시사한 바가 크다고 하겠다. 어찌 낮아지지 않고 어찌 하늘같은 구원이 가능할 것인가. 자연이 인간에게 거대한 몸짓으로 덮치는 '쓰나미'라는 것도 오만하기 짝이 없는 인간을 가르치려는 경종같이만 여겨진다.

우선 이 같은 인식을 바탕에 깔아야 이겨울 시인의 '수평선에게'의 시적 접근이 가능해진다. 가장 높은 것이 가장 낮은 것과의 포옹이라니 이 무슨 조화인가! 자연은 하늘과 바다가 붙어버릴까 싶어 그 사이에 "수억 년을 끊기지 않는 노을의 줄넘기"를 놓아두었는데 장난스럽게도 '아기구름이 고무줄인 양 당겨'본다는 것이 이겨울 시인이 위의 시에 담아낸 생각의 모습이다. 자는 듯 누워있지만 그러나 과묵하면서도 끈질긴 목숨의 줄이 그 정도로 당겨질 것인가 싶기도 하고.

그때 문득 어디가 시작이고 어디가 끝일까를 묻는 시인의 질문은 천진하기까지 하다. 사실 여기까지의 독서에서 우리는 '아기구름'은 호기심 많은 이겨울 시인의 또 다른 모습임을 읽을 수 있다. 시인은 때로 장난스럽기도 하고 천진하기도 하다. 그 같은 상태가 아니면 어찌 바위처럼 굳어버린 이 세상의 사물들을 말랑한 언어로 노래하거나 흔들어 깨울 수 있을 것인가. 인간세상에서 건너야 할 풍찬노숙과 신산고초가 열거되는 것은 이쯤이다.

여기에서 "파도의 얼룩들로 얽혀있는 너"는 우리 모두의 자기 초상일 수 있다. 그래서 간혹 갈매기가 곡예를 부리는 낭만의 현장이기도 하건만 풀어진 바람의 상처가 걸터앉아 울기도 하고 어둠을 여는 예배당 종소리가 그 벽에 부딪혀 울어보기도 했을 것이다.

그래도 시인은 다다를 수 없는 그리움의 자리로 되돌아온다. 시작도 끝도 모르는 수평선을 두고 "끄트머리 한두 뼘"을 잘라 "이마에 한 줄의 그리움으로/질끈 동여매고/조막만한 섬 하나 베개 삼아" 눕겠다는 대목에 이르면 이겨울 시인의 시적 천진성은 정점에 다다른다. 끝 모르게 누워있는 수평선을 한두 뼘 자르겠다는 생각부터가 황진이의 "동짓달 기나긴 밤 한 허리를 둘에 내어"가 연상되는 시적 탁월함이지만 거기에서 한 굽이를 더 돌아 이마에 질끈 동여매고 조막만한 섬 하나를 베개 삼아 눕겠다는 대목에 이르면 독자들은 이 겨울 시인의 풍성한 천진함에 반해버리고 이내 무릎을 치게 된다. 이에서 읽을 수 있는 '아기구름'이나 '조막만한 섬'은 그 자체로 시적 사물의 호응관계라는 것도 눈여겨 볼 수 있다.

맨발로 홱 돌아서다가
유리조각을 밟는 듯한 아픔
누구나 한두 번쯤 겪었으리
그 아픔 견딜 수 없거든
겨울바다에 한 번 나가 봐
눈물이 마를 만큼 아프거든
가난한 눈물이라도 훔쳐서 울어봐
배우 같은 눈물이면 어쩌며
사랑에 고파 우는 눈물이면 더 어떠리

울고 있는 겨울바다에서

바람에 눈을 벤 구름을 보았다
구름의 아픔을 내가 안고 울었다
새가 죽어가는 몸짓으로
파도에게 온통 나를 맡긴 채

파도는 언제나 내 편이었다
자신이 만든 허연 레이스 치마폭에
내 눈물 가지런히 담아
녹 슬은 등대를 닦아주러 가더라.
―「바람에 눈을 벤 구름」

'파도'를 의인화하여 노래한 「바람에 눈을 벤 구름」은 생의 아픔을 음미하게 하는 가슴 절절한 작품이다. 작품은 시작부터 "맨발로 홱 돌아서다가/유리 조각을 밟는 듯한 아픔"쯤은 감내하리라는 가정 하에 시인의 시선이 찾아간 곳은 다름 아닌 '아픔'에의 정체이다. 시인이 펼쳐낸 아픔은 겨울바다에서 눈물이 마를 만큼 시달렸거나 가난 땜에 아팠던 일, 자신이 처한 빚어진 아픔임이 분명하다. 그리 보면 차갑게 떠밀리면서 우는 파도는 바람에게 눈을 벤 구름의 살아있는 아픔이 겨울바다에서 유랑하는 것임을 인지하게 된다.

이어지는 자리에서 읽었던 "새가 죽어가는 몸짓"이란 어떻게 이해해야 할까. 화자는 파도에게 몸을 맡겼다고도 했고 파도는 "언제나 내 편"이라고도 했다. 그러면서 확장된 시상은 시인 자신이 만든 허연 레이스의 치마폭에 눈물을 적셔서 "녹 슬은 등대를 닦아주러 가더라"는 행위로 이어지고 생의 지난함을 넘어선 화자의 의지를 읽을 수 있다.

시에는 통상적으로 설명할 수 있는 것과 그렇지 못한 것으로 나눌 수 있다. 그리고 설명할 수 있다고 하더라도 시적인 성공 여부를 결정하는 것도 아니고 설명할 수 없다고 시적인 성공의 문제를 하기식下旗式의 깃발처럼 내릴 수 있는 것도 아니다. 다만 언어표현에서 새롭다는 것과 그럴만하다는 개연성만 읽어낼 수 있다면 시는 얼마든지 이해나 설명의 문제를 넘어서서 그 자체적 생명력을 지니는 것이다. 그러기에 서투른 시는 설명하고 좋은 시는 침묵한다는 현대시의 에피그램이 설득력을 얻는 것이다. 이겨울 시인의 「바람에 눈을 벤 구름」은, 생은 그 본래성이 아픈 것인데도 그 아픔으로 인해서 흘린 눈물로 '녹슨 등대를 닦아주자'는 시인의 자기 헌신을 향한 메시지를 읽는 일이라 하겠다.

이브 몽땅의 고엽이 운다
장송곡같이 들으면서 조문을 갔다
만추로 뒤덮인 장례식장
허리가 길어 슬픈 리무진
천국과 지옥의 다리로
얄밉게 서성이고 있다

가난한 상주들처럼
숨겨둔 자식들처럼
절뚝거리며 걸어온
혼자는 못 우는 바보들
낙엽 보면 한 번쯤 생각하리
세월의 성긴 상처를
예정된 생의 마침표를

낙엽은 찬란하다
망자는 무슨 색깔일까
망자 앞에서
착하고 순해지는 양면성

다람쥐 쳇바퀴 돌았던
무능의 시간 속에 갇혀 살았던
내 마침표 색깔

맬없이 궁금해진다.

—「마지막 색깔」

이겨울 시인이 위의 작품에서 독자에게 읽히려한 '마지막 색깔'이란 무엇을 이르는 말이었을까. 작품의 독서에 앞서 종종거리는 궁금증이다. 이브 몽땅의 '고엽'이 울고 있다. 그런데 화자는 그걸 장송곡처럼 들으면서 조문을 갔다고 했다. '고엽'은 어의적으로는 '마른 잎'이다. 계절은 때마침 '만추'였고 장례식장은 그래서 더더욱 을씨년스러웠을 것이다. 망자를 태운 리무진의 기나긴 허리가 천국과 지옥을 이어주는 다리처럼 느껴지는 장소에서 장송곡과 고엽과 만추는 하나로 어우러져 망자의 이미지로 다가온다. 그리고 그것들은 지나온 생을 반추하게 하는 슬픔과 우수의 이미지를 머금고 있다.

작품 속에서 이겨울 시인도 말하지만 떨어져 내린 낙엽을 보고 생각하는 것, 그것은 다름 아닌 성긴 세월의 상처 위에 우리 인간도 언젠가는 저마다 다다르고야 말 생의 마침표라는 사실이다. 생명을 불태워버린 낙엽과 오버랩 되는 '망자'를 색깔로 읽어내려 한 시인의 생각은 무슨 빛깔을 띠는 걸까. 망자에게 절하고 나서 자신을 돌이키듯 반추하는 시인에게 꽂히듯이 다가온 생각은 그냥 '착하고 순해지는' 평범함이었다.

### * 쓸쓸함이 무늬처럼 새겨져

이 작품에서의 시인이 아니어도 문상하고 돌아오면서 생의 무게를 내려놓고 그 허탈함을 반추하지 않는 이가 몇이나 될까. 시인은 생의 의미를 새롭게 환기시키는 사람이지만 그 같은 깨달음의 자리가 바로 장송곡을 들으면서 조문하는 자리인 것은 물론이다. 그래서 "인생은 별게 아니다"는 허무주의적 되새김을 반복하게 되고 이를 통해 자생적 철학자가 되는 것은 자연스런 일이다.

사는 일에 의미부여가 막히면 그것은 으레 다람쥐가 돌리는 쳇바퀴처럼 반복적인 일에 진배없다. 목표도 방향도 없이 거듭되는 일상적인 일을 두고 어찌 다람쥐 쳇바퀴 돌린다 하지 않겠는가. 그래서 의미 없이 반복한 생의 과정들은 자신의 마침표와 결부지어 마치나 낙엽의 색깔이 찬란하듯 죽음의 색깔도 저 같지 않을까를 유추해보는 것이다. 낙엽의 색깔과 망자의 색깔,

그리고 화자의 '마침표 색깔'은 자신이 살아온 과정이나 시간에 비추어 '맬없이(까닭 없이)' 궁금해진다.

슬픔이
검은 리본을 달고
검은 넥타이를 매듯
그의 노래는
음표에 검은 리본을 달았다
깊이와 속도를 알 수 없는
오선지에 걸려있는 침묵의 음표들

실연 후에 피워 올린 담배연기 같은
꽃상여 앞에 펄럭인 만사지 같은
음표들이 뿌려놓은 애절함
거역할 수 없는 숙명의 흐느낌

그의 노래 들으면
슬픔 위에 슬픔이 고여
가슴에 검은 무덤 하나 생긴다
나는 의무처럼 벌초 한다

검은 새가
사랑의 새벽을 헤엄친 듯한

김광석 노래.

—「검은 노래」

실에 있어서 이겨울 시인은 가창력이 대단한 성악가이기도 하다. 문학으로 진입하기 전에는 음악 쪽의 일로 분주했음은 앞에서 말한 바다. 그래서인지 그가 구사한 시의 언어는 유독 음악성이 풍부하고 음악적 용어들이 자주 등장한다. "문학이 바로 사람"이라는 의미에서 자신에게 장점이 강한 방향으로 재능이 뻗어가는 것은 자연스런 일이며 풍부면서도 짱짱한 가창력이 이겨울 문학의 기본을 만드는 것을 자주 볼 수가 있다. 위의 작품은 우선 제목부터가 「검은 노래」이고 결말에서 드러낸 '김광석 노래'가 작품의 흐름을 만들어가고 있다. 그런 관계로 작품의 전편에서 '노래'나 '오선지' 등의 어휘들이 읽히는 것은 우연이 아닐 것이다.

이 작품의 기본 정조는 '슬픔'이다. 바로 이 슬픔을 에워싸듯 '검은 리본' '검은 넥타이' '오선지에 걸려있는 침묵의 음표들' '꽃상여 앞에 펄럭인 만사지 같은 음표들' '애절함' '거역할 수 없는 숙명의 흐느낌' '슬픔위에 슬픔' '가슴에 검은 무덤 하나' '검은 새' 등등

가수 김광석을 조문하는 이겨울 시인의 언어적 보행이 한 사람 한 사람의 독자를 향해 시적 애절함을 노크하고 있다.

빈 공원이 둥글게 웁니다
빗방울은 직선으로 웁니다
고요를 포식한 공원의 풍경
나도 고요 속에 갇혀 울음에 꼬리를 답니다
모난 비밀이 쏟아집니다
공원의 고요가 깨졌습니다

마지막 잎사귀 하나
바람의 몫입니다
11월 숫자처럼 야위어간 공원
허공이 내려다보고 혀를 끌끌 찹니다

허름한 벤치에는
실업자의 한나절이 있습니다
소주병 담배꽁초 절망덩어리
소주병 속에만 지난 시간이 고입니다

기약 없는 먼 해후를 위해
가슴에 벤치 하나, 나도

그대 위해 비워 둡니다.

―「11월로 서서」

11월의 정서적 쓸쓸함이 '그대'와의 '기약 없는 먼 해후'를 위해 가슴에 비워둔 '벤치 하나'에 시인의 눈빛이 초점처럼 모아지는 작품이 「11월로 서서」이다. 11월은 절기상으로는 서리가 내리는 늦가을이다. 그래서 저마다 겨울 준비에 부산한 계절이지만 '빈 공원'과 '빗방울'을 등장시켜 둥글다는 것과 직선이라는 것을 대조시키고 이 둘의 울음현상을 떠올리고 있다. 여기에서 빈 공원과 빗방울이 운다는 표현을 통해 슬프도록 고요한 공원의 풍경을 그려내고 있다.

스페인의 유명 건축가 가우디는 "자연은 곡선을 창조하고 인간은 직선을 창조했다."는 말로 자연 지향의 자신을 드러낸 일이 있었는데 이겨울 시인은 '빈 공원'과 '빗방울'을 둥글고 직선이라는 대조적인 표현으로 노래하고 있다. 그러면서 고요 속에서 울음이 계속되었던가 싶고 이 자리에 쏟아진 모난 '비밀'이란 다름 아닌 공원의 고요를 깨뜨리면서 떨어져 내린 "마지막 잎사귀 하나"의 이미지였을 것이다. 이제 11월을 형상화

하면 완전히 벌거벗은 두 그루의 나무가 된다. 허공이 내려다보고 혀를 끌끌 차는 '허름한 벤치'에는 지루한 '실업자의 한 나절'이 이어지고 있다. 그리고 소주병과 담배꽁초가 너부러진 11월의 공원 풍경은 "지난 시간이 고이고 있다"는 사뭇 적막한 느낌에 다다라 있다. 그러면서 보여준 결말의 기약은 먼 해후를 위해 장치한 그대 위한 벤치 하나로 묘사되어 11월로 서있는 시인의 모습은 실감을 위한 소도구처럼 배치된다.

「11월로 서서」는 정서상으로는 다다를 수 없는 공허가 읽힌다. 이 같은 심정적 공허가 둥글거나 직선으로 울고 있다는 표현에 이르러 11월은 풍경으로서의 정서라기보다는 다분히 광경적 모습으로 이어진 표현처럼 보인다. '풍경'은 '경치'의 다른 말이며 어떤 정경이나 상황을 이르는 말이겠다. 이에 반하여 '광경'은 벌어진 일의 형편과 모양을 이르는 말이다. 11월은 '모난 비밀'이었던 마지막 잎사귀 하나에 의해 공원의 고요를 깨트리고 11이라는 골격만 남은 을씨년스러운 모습의 계절이 되었던 것이다. 그래서 이 작품에서는 '빈 공원'에서의 '실업자의 한 나절'과 절망덩어리 같은 "소주병 담배꽁초"를 거쳐 기약 없는 그대와의 먼 해후를 위한 '가슴에 벤치 하나'를 예비하게 되고 '사건'이 담긴 인간 세상의 모습을 보이게 된다.

너와 걷던 그 길에
그리움이 또 하나의 길을 냈다
내 안을 비춰준 너의 눈동자가 없는 길
그리움 조각은 둥근 가시로 밟혔다
그 길은 덜컹거리는 창문 같아서
심장에 구멍이 뚫리고 물음표가 들락거렸다

수많은 별들 중에
너와 점찍은 별은 어디에 있는지
내 안에 흘렀던 눈물은
누구의 서러운 우물이 되었는지
그 눈물 있다면
너의 뺨에서 수직으로 살다가
너의 입술에서 죽었겠지
지금은 익어버린 눈물 보듬고
황혼빛 벽 속에 웅크리고 있다
반세기를 접어둔
너의 전화번호만 만지작거리면서

나는 왜 너로 태어나

세상에서 가장 긴 그리움으로 살아왔는지
언제까지 하루 세끼를
찢어진 그리움으로 채워야 하는지.

—「익어버린 눈물」

우선 이 작품에선 즉자적 상대인 '너와 내'가 작품 진행의 전체의 흐름에 두 개의 축으로 참여하고 있다. 너와 내가 걷던 길에는 "그리움이라는 또 하나의 길"이 나있다는 표현이 유독 눈길을 끈다. 사실 이 같은 표현은 평범한 것임에도 색다른 인상과 느낌을 지어내고 있다. 새삼스럽게도 '내 안'을 비춰주기에 눈을 떠서 확인할 필요가 없었다는 것이고 이 자리에 '그리움 조각'에 둥근 가시가 밟혔다는 표현은 재미있다는 것이 제격이겠다. 요컨대 아픔을 동반한 그리움이 그것이고 이어지는 부분은 더더욱 재미가 증대한다. 그리움이 커지면 심박동은 격렬했을 것이므로 그것은 틀림없이 "덜컹거리는 창문 "이나 진배없었을 것이다. 그뿐이 아니다. "심장에 구멍이 뚫리고 물음표가 들락거렸다"에 이르면 화자인 시인의 심적 상태가 어느 정도인지를 짐작할 수 있다. 사랑하는 상대를 두고 이쯤 요동치는 두근거림도 없고서야 어찌 독자에게 더 큰 느낌을 주문할 수 있겠는가.

두 번째 연에 오면 시의 흐름은 한 차원쯤 그 높이를 달리한다. 바로 그 구체적인 단어가 '별'과 '눈물'과 '우물', 그리고 '입술' 등이며 여기에다 '수많은'에서는 선별을, '서럽게 흘렸다'에서는 먼 곳의 별과 가까운 곳의 눈물, 그리고 이 둘을 비춰보는 '거울'로서의 '우물'을 음미하듯이 독서하게 한다. 시인은 이 대목에서 눈물의 의미적 오지랖을 확대해 간다. 시인이 너를 향해 흘렸다는 눈물은 다름 아닌 내 안의 눈물이었고 눈물이 우물과 입술에 겹쳐지면서 공간적 의미가 아닌 수직적 의미화에 이르러 세월을 내면의 풍경처럼 보여주기에 이른다.

*** 그리운 소문들이 꽃새들과 어울려**

이제 이 작품은 절정을 읽는 시간에 다다랐다. 3연에 와서 시인은 '익어버린 눈물의 시간'을 '지금은'으로 말하였다. 여기에 오기까지는 반세기의 세월이 걸쳐있고 시인은 이 같은 자신을 두고 "세상에서 가장 긴 그리움으로 살아왔다"고 하였다. 그러면서 "황혼빛 벽 속에 웅크린" 그 많은 시간을 "너의 전화번호만 만지작거리면서"라는 기나긴 망설임을 보여주기에 이른다. 행위 되지 못한 상태를 보여준 화자는 의문 같지 않는 하나의 의문 앞에 선다. 무엇이 이리도 '너와 나'를 나뉠 수 없는 '일체화'에 나아가게 했느냐, 이며 '언제까지' '하루 세끼를 찢어진 그리움으로 채우며 살아야 하는지'를 묻게 한다.

작품의 마무리는 그런 의미에서 대평원과도 같은 심적 평정이라기보다는 다시금 시작되는 심적 갈등의 풍경화에 다름 아니다. 사물을 앞에 두고 눈길을 보낸 시인의 상상력이 이리 풍성하다는 점에서 이겨울 시인의 시적 장도는 창성하리란 생각이다.

단풍나무집에 사립문을 달자
가슴에 홍등 하나 켤 줄 모르면
못 들어가게

단풍나무집에 빗장을 걸자
그리움의 주소를 물어봐야
열어줄 수 있게

황홀한 추락의 절정에 서면
날개 없는 꽃새들이
그리움의 주소를 물어다 준다는 소문

나는 단풍나무 집에 들어갔네

순간의 전율 같은 번지 없는 너의 주소
내 안에 있다는 걸 이제야 알았네
이젠, 온 생을 벗어도 서럽지 않겠네
이 세상에 내 주소 없어도 좋으리.

—「사립문을 달자」

작품 속의 '단풍나무집'은 이겨울 시인이 시의 나라에 건축한 새집의 이름이다. 이 집의 주인은 대자연 중에 '그리움의 주소'가 있다는 소문을 듣고 그것을 시로 쓴 사람이다. 알 것도 같고 모를 것도 같은 아리송한 언어의 잔치가 이 작품의 전편에 연소되고 있다. 굳이 이 작품을 해설의 자리에 끌어들인 것은 독자들과 함께 독파하면서 이겨울 시인의 모습을 새롭게 인식하자는 생각 때문이다.

단풍이 불길처럼 번져가는 어느 가을날 "황홀한 추락의 절정에"서 "날개 없는 꽃새들"의 환상을 매우 특이한 상상에 올려서 언어화한 작품이 「사립문을 달자」이다. 「사립문을 달자」라는 제목은 권유형의 어투에다 산문적 표현으로 읽힌다. 그러나 이 작품에서 우리는 매우 시적인 언어의 조합을 인지하게 되고 거기에 '단풍나무집'을 주소지로 담아내는 이겨울 시인만의 특유의 상상을 읽어낼 수 있다. 단풍이 타오르는 산야를 보면 그 속에는 빛깔 고운 그리움의 소문들이 날개 없는 꽃새들과 어울려 춤을 출 것 같다는 기분 좋은 상상에 빠져들게 된다.

시인은 사립문을 달자는 구호적인 사실을 제시하면서 "이젠 온 생을 벗어도 서럽지 않겠다"는 생각을 한다. 그리고 '내일은 이 세상에/내 주소 없어도 좋겠다'는 생각도 한다. 이쯤 되면 가슴 가득 단풍나무집을 지어두고 자신이 그 집에 들어가도 보고 날개 없는 꽃새들이 그리움의 주소를 물어다 준다는 소문을 듣고 문 열어줄 마음을 품는 이겨울 시인의 모습은 상상만으로도 재미있다.

시인이 사는 집에 무슨 사립문이 필요할 것인가. 찾아오는 이 모두 자동입장이겠지만 다만 그리움이 고갈된 사람은 그 그리움을 재충전하면서 시인의 나라에서 합류하자는 '권유'의 의미를, 그리고 시인 자신은 "순간의 전율 같은 번지 없는 너의 주소"를 내 안에 위치시키면서 온 생을 벗어버려도 서럽지 않고 이 세상에 내 주소 없어도 좋을 자신의 모든 것을 소진해버리겠다는 의미에 나아간다.

낙엽은 의미 없이 버려진 언어야
아무도 말을 붙이지 못한다
낙엽은 선장 없는 고독한 배
아무도 타려고 하지 않는다
시리고 구멍 난 등에

낙엽 보고 허무라 느낀 것은
시인들 몫만이 아니다
잠자리도 날개를 접고 운다
가을 때문에 써 보는
붙이지 못할 편지들
시몬 같은 친구에게
들꽃 여린 친구에게
낙엽 밭에 묻힌 너여서 더 슬프다

낙엽이 품어낸 주검의 향내
칼날에 베인 듯 상한 눈물

가을의 통곡이여
가을 타는 내 곁에

거기 누구 없나요.

—「가을 타다」

'낙엽'을 통한 지루한 일상이 반사적 깨우침이 되어 복사열처럼 번져오는 작품이다. "낙엽은 의미 없이 버려진 언어야"라는 제시적 표현은 이어지는 다음의 부분을 궁금하게 한다. 그런데 시인은 버려진 다음의 낙엽이라 그리 표현했던 것일까. 아무도 말을 붙이지 못한다고 하였는데 이는 가을 산야에 불을 붙이지 못한다는 말로 읽어도 좋을 성싶다. 낙엽을 '배'로 설정하면서도 선장 없는 고독한 배는 아무도 타려고 하지 않는다고 하였다.

무심한 듯하지만 음미할만한 대단한 발견이다. 그만큼 낙엽의 역할제로를 강조한 것은 낙엽은 이 지상에서 할 일을 모두 끝낸 사물이란 의미일까. 사람의 일생도 이들 낙엽에 대입하면 지상에서의 일들을 마무리하고 다음의 생의 자리로 되돌아가는 것처럼 버려졌기에 고독하고 고독하지만 겸하여 시리고 구멍 난 등에 너나없이 '허무'를 느낀다는 의미를 읽게 한다. 그러기에 마치나 낙엽을 조상弔喪하듯 "잠자리도 날개를 접고 운다"

는 표현은 탁월하다. 대저 자연의 여러 표정과 현상을 소통하면서 낙엽의 시리고 구멍 난 등을 보는 시인만이 그 같은 현상과 허무를 그린다 할 것인가. 생각은 이어지면서 낙엽의 발에 묻힌 들꽃 여린 친구에게 슬픔을 증폭시키면서 이 시는 절정을 형성한다. 낙엽진 자리마다 '상한 눈물'과 '주검의 향내'는 시인에게는 칼날에 베인 듯한 계절의 통곡에서 빚어졌다.

가을이어서 쓰기는 했는데 막상 붙이지 못한 편지라든가 시몬 같은 친구나 들꽃 여린 친구에게 슬픔의 감정을 돋구어내는 가을이란 계절은 이겨울 시인이 도달한 감정의 촉수 때문에 더 큰 우수를 동반한다. '시몬'은 하나님이 '응답하셨다'는 의미이기도 하고 신약성서의 〈사도행전〉에 나오는 마술사의 이름이기도 하다. 그러나 인명으로서의 '시몬'은 그리스도의 복음이 전해지기 직전 사마리아에서 마술로 민중을 매혹시켰으나 복음을 전하러 온 필립보를 찾아가 세례를 받은 자라는 의미로 바뀌고 말았다. 그리 보면 이 작품에서 시몬의 등장은 들꽃 여린 친구를 상대화시킨 것은 아닐까 싶기도 하다.

### * 번져서 커진 오로라의 시학

마무리에 와서 우리가 순서 없이 독서한 이겨울 시인의 언어는 지나간 시간을 추억하고 풍경이나 인간사의 이모저모를 노래하는 비범함과 풍성함을 함께 보여준다. 이미 여러 작품에서 자신만의 독자적 표현법으로도 상당한 시적 성과를 보인 시인임은 그의 남다른 개성으로 해석해도 좋을 성 싶다. 여느 시인처럼 이겨울 시인도 보름달처럼 커진 어머니의 나라에 진입하고 바다가 마당인 콘도에서의 '바람난 바람'을 만난 초저녁 시간이나 김홍도의 '빨래터' 풍경을 그림으로 대하면서 그 시대 아낙들의 '여자만의 세월'을 읽게 하는 상징적인 시적 자별함을 보여준다.

하늘과 바다가 수평선 하나를 사이에 두고 만나거나 어우러진 풍경 앞에서 소녀시절의 고무줄놀이를 생각해내는 천진함이나 조막만한 섬 하나를 베개 삼아 눕겠다는 여유와 능청은 그의 시가 지닌 탁월함이 아니고 무어라고 할 것인가. 생각과 광경을 치마폭의 눈물에 적셔내고 녹슨 등대를 닦으러 가는 행위에서 생의 지난함을 넘어서는 의지를 확인한 「바람에 눈을 벤 구름」, 장송곡과 고엽과 만추가 하나로 어우러진 망자의 이미지인 「마지막 색깔」이나 단명으로 생을 마감한 가수 김광석이 펼친 1980~1990년대의 라이브 뮤직과 애잔한 생전의 모습이나 '가슴에 검은 무덤 하나'를 쌓았던 슬픔의 형상화 등이 두루 노래된 「검은 노래」, 돌출된 바람으로 모난 비밀이 쏟아지듯 떨어져 내린 잎사귀들을 보면서 '11월'을 시적으로 형상하고 음미하게 한 「11월로 서서」 '내 안의 눈물'이 '우물'과 '입술'에 겹쳐지면서 시적 사물의 수직적 의미를 끌어낸 「잊어버린 눈물」 등은 그가 이번 시집 『섬 하나 베개 삼고』에서 보여준 시정신의 풍성함이 아니고 무엇인가. 그러면서 그리움을 재충전한 시인이 '순간의 전율 같은 번지 없는 너의 주소'를 내 안에 위치시키는 「사립문을 열자」, 일상의 반사적 깨우침이 복사열처럼 번져오는 「가을 타다」 등등은 우리가 숨 가쁘게 읽어온 언어미감의 수작들이다.

"시인의 생은 늙지 않는다. 더욱 깊어지고 넓어지고 높아질 뿐이다."라는 문장을 읽은 적이 있다. 확실히 시인은 세월을 초월한 자신만의 늘 푸른 우주를 노래하는 청지기의 모습을 지니는 것이며 여기에 이겨울 시인 또한 위치하고 있다. 이겨울 시인의 시작품에 대한 울림은 시집을 거듭할수록 깊어지고 광활해질 것이다. 그의 언어에 대한 전체적인 인상은 천진하고 꾸밈이 없다. 때로는 서툴기까지 한다. 그런데 그게 이겨울 시인을 이 세상 모든 시인들과 변별케 하는 그만의 개성이 되고 있음은 물론이다.

오로라는 대기층의 원자와 태양풍에 떠온 플라즈마와의 상호작용으로 빚어지는 환상적인 빛의 향연이라고 한다. 한번 그 빛을 통해 세상을 보면 영혼 깊숙이까지 스며든 아름다움이 평생을 잊히지 않는다고 한다. 이겨울 시인은 이번 시집『섬 하나 베개 삼고』에서 자신이 맞닥뜨린 시적 상황과 거기에서 빚어낸 감성의 상호작용으로 오로라와도 같은 환상적인 언어를 지어내며 자신만의 아름다움을 주위 사방에 선물할 것이다. 그 오로라에 취하는 아름다움의 크기는 오로지 그 작품에 다가선 독자의 몫일 터이고.

**시에 음표를 달다**

하찮은 것도 음표가 되고 소리가 되는 / 내 마음은 보이지 않는 악기 / 품고 마시는 호흡으로 갈비뼈 사다리를 오르내리면 / 길고 짧은 음표가 걸터앉는 것은 신의 경지일까 / 갈비뼈가 음계인양 눈 덮인 산봉우리를 올려놓는 / 나의 아슬아슬 함을 보고 여린 사랑이 운다 // 빗장 없는 방에서도 문 열지 못하고 / 갇혀있는 가난한 사랑을 위해 / 내 인생 따뜻했던 순간들을 위해 / 무질서의 내 노래는 밑 빠진 생의 절창 / 상처 난 영혼들이 미소 짓는 내 노래 / 나 혼자 아름다워라

2004 국민의시 대상수상
국회의사당 김원기의장과함께

아코디언 아름다운 선율따라~
일시 2016. 6. 25(토) 오후 2시 장소 광주 양림 커뮤니티센터

꽃을 노래하다

2004 시 대상수여식
본시낭송(국회의사당)

하모니